UM HOMEM DE VISÃO

João Baptista de Castro

HELOISA NEGREIROS DE CASTRO

UM HOMEM DE VISÃO

João Baptista de Castro

Linotipo Digital

Editores: Laerte Lucas Zanetti e Luiz Márcio Betetto Scansani

Coordenação de produção: Laerte Lucas Zanetti

Capa: Rogério Salgado / Spress

Foto da capa: João Baptista de Castro, quadro a óleo pertencente ao acervo de Aerona Isabel Durrell Davis / foto de Verônica Partinski

Fotos de contracapa: Maria Isabel Breves Cornélio dos Santos, quadro a óleo pertencente ao acervo de Aerona Isabel Durrell Davis / foto de Verônica Partinski e Palacete Castro de Petrópolis, guache de Renée Lefreve, pertencente ao acervo da autora / foto de Flávio Clemente

Edição de texto: Nanete Neves

Revisões: Luiz Márcio Betetto Scansani

Foto da autora: Flávio Clemente / Foto & Arte

Dados Internacionais de Catalogação na Publicação (CIP)
(Câmara Brasileira do Livro, SP, Brasil)

Castro, Heloisa Negreiros de
Um homem de visão : João Baptista de Castro / Heloisa Negreiros de Castro. — São Paulo : Linotipo Digital, 2015.

ISBN 978-85-65854-10-8

1. Castro, João Baptista de, 1849-1988 2. Histórias de vida 3. Homens - Biografia I. Título

15-07429 CDD-920.71

Índices para catálogo sistemático:
1. Homens : Biografia 920.71

Este livro segue as regras do Acordo Ortográfico da Língua Portuguesa, em vigor desde 01/01/2009.

Todos os esforços foram feitos para estabelecer o crédito correto das imagens, entretanto, caso o leitor tenha alguma informação sobre alguma imagem, favor entrar em contato com a editora.

2015
Todos os direitos desta edição reservados à
Linotipo Digital Editora e Livraria Ltda.
Rua Marconi, 107, sala 505
01047-000 - República - São Paulo, SP
www.linodigi.com.br - (11) 3256-5823

Dedico este livro a meu chefe, Dr. Osman Duarte de Mendonça, com quem trabalhei durante 14 anos (SUMOC e Banco Central), cuja integridade, competência e bondade foram exemplos para todos nós.

Sumário

Prefácio

Conheço a escritora Heloisa Negreiros. É uma admirável jovem de 94 anos. Seu estilo coloquial convence, como o fazem os jovens de talento, quando abraçam uma causa. Sua narrativa simples, mas elegante, permite ao leitor uma leitura agradável e instigante. Quem começa a ler o que escreve Heloisa não tem vontade de parar, tão sugestiva e captadora de atenção é a sua prosa.

Tenho por Heloisa uma admiração, que só não é filial, pois, nos meus 80 anos, dificilmente poderia tê-la como progenitora, pela proximidade de idades.

Seu livro sobre o avô é excelente. Resgata a figura de homem público de um cidadão do mundo, trazendo-a das sombras da história para claridade do tempo e tornando-a personalidade da memória brasileira.

Tendo Heloisa, como eu, profunda crença em Deus e nas lições de Cristo, nem por isto, deixa de reconhecer em João Baptista de Castro, agnóstico, um homem de bem, capaz de tratar, cristãmente, subordinados, em época em que a escravatura, inclusive, em sua juventude, ainda era uma chaga na realidade nacional.

Descreve-o como um homem brilhante, que exerceu funções relevantes no setor público, mas que, muitas vezes, foi ingênuo, perdendo oportunidades fantásticas de concretizar grandes negócios.

O que importa, todavia, realçar no livro admirável de Heloisa é a sua capacidade de descrever a personalidade de seu avô, tornando-o, como o fazia, nos seus melhores tempos, a revista *Seleções do Readers Digest*, um "tipo inesquecível".

Neste breve prefácio, quero apenas deixar a minha modesta opinião sobre o texto de Heloisa, que li com proveito e admiração. É obra para ser apreciada por historiadores e literatos, pois permite constatar como, muitas vezes, pessoas que auxiliam a fazer história, são pela história ignoradas. E Heloisa, no seu estilo de quem conversa com o leitor, mais do que buscar requintadas formas de expressão, consegue descrever o retrato de um brasileiro que amou o seu país e soube viver seus sonhos, com vitórias e derrotas, sem deles abdicar.

Parabéns à autora e a sua Editora pela veiculação da obra.

IVES GANDRA DA SILVA MARTINS

São Paulo, maio de 2015

Introdução

Sempre tive orgulho de ser descendente, pelo lado materno, de participante da Independência do Brasil. Do lado paterno, sou neta de João Baptista de Castro, que tanto lutou pelo progresso do país, mas cuja trajetória infelizmente não foi lembrada pelos estudantes da História.

Mas quis o destino que viesse parar em minhas mãos o original da dedicatória que ele escreveu para a sua segunda e amada mulher na folha de rosto de uma tradução de uma obra que ele publicou. Nessa dedicatória, suas palavras resumem e expressam o homem de visão que sempre foi. Desde então, tomei para mim a missão de escrever um livro em homenagem a esse meu avô tão especial.

João Baptista de Castro (1849 – 1944) foi um homem sofisticado, e como dizem os franceses, *ramplis de soi même* – o que se pode traduzir como extremamente convencido. Muito viajado, escrevia inglês numa época em que isso era privilégio de poucos brasileiros. Grau 33 da maçonaria e positivista, fez carreira como produtor agrícola e industrial, ocupando ainda, esporadicamente e ao longo de toda a vida, cargos importantes no governo.

Apesar da família possuir títulos nobiliárquicos, meu avô sempre abriu mão dessas distinções. Agnóstico, meu avô não tinha fé. Acreditava somente no *status* e na cultura, contudo mostrava-se bastante humano em seus atos. Tão humano que falhou repetidamente em dimensionar apropriadamente os seus projetos. Cometeu erros de avaliação tão absurdos que, analisados à luz de agora, chegam a parecer ingênuos.

Ainda no início dos anos 1900, João Baptista comprou um terreno imenso que depois se transformou na cidade de Vitória, no Espírito Santo, com o porto e tudo. Mas o negócio não deu certo porque, em vez de convocar profissionais de sua confiança mais preparados para a missão, ele resolveu mandar os filhos – João Baptista (o meu pai), Raul e Mário, recém-chegados da Europa – desbravar aquele matagal, praticamente uma selva.

Imagine esses rapazes criados na corte, bonitos e arrumadinhos, acostumados a assistir ópera e a frequentar lugares sofisticados, liderando os empregados, uns homens rudes munidos de facão. É óbvio que houve insubordinação. Em uma oportunidade, um deles fez uma tocaia querendo atacar o meu pai, e quando reprimido em seu intento, afirmou-se incapaz de obedecer ordens daqueles "almofadinhas". Em minha opinião, nesse episódio, meu avô errou em superestimar a capacidade dos filhos.

Poucos anos depois, foi-lhe oferecido para comprar um trecho do litoral brasileiro onde hoje se situa a praia de Copacabana, no Rio de Janeiro, pela bagatela de 40 contos de réis. Quando foi conhecer o terreno, João Baptista subiu aquele morrinho (ainda não havia o túnel) e disse: "o que eu vou fazer com tanta areia?" e não aceitou o negócio.

O curioso é que papai seguiu cometendo os mesmos erros de avaliação do meu avô, talvez uma sina de família. Quando papai se casou, em Petrópolis, o seu padrinho de casamento levou-o (ambos vestindo um guarda-pó por cima da roupa para que ela não se sujasse com a poeira) num automóvel até Bauru e disse "João, você escolhe os terrenos que quiser, são terras devolutas, que os dou para você como presente". E meu pai declinou da oferta "por que a terra era vermelha demais". E demonstrou assim que, tal como o pai, ele também não possuía uma visão de futuro.

Atribuo esses erros de avaliação à falta de fé de meu avô. É preciso acreditar em um Deus, é preciso ter a preocupação de seguir a palavra do Evangelho, de Jesus. Sem isso não somos nada, sem fé não se vai a lugar nenhum, tudo perde o sentido.

Neste livro, que chamei de *Um homem de visão*, pois meu avô realmente o foi - como engenheiro industrial formado pela Universidade de Gand, na Bélgica, ignorou a pedra angular e construiu seu castelo em Petrópolis literalmente na areia. O Palacete de Petrópolis, uma edificação que lhe consumiu muito tempo e dinheiro, mas que depois veio abaixo com os ares dos novos tempos aos quais ele não conseguiu se adaptar.

Só conhecendo a trajetória de João Baptista de Castro e o cenário em que ele viveu para compreender o quanto a história não fez jus aos seus feitos notáveis.

CAPÍTULO I

Família ilustre e formação invejável

João Baptista de Castro nasceu em 1º de dezembro de 1849 em São João Del Rey, província de Minas Gerais, à margem do lendário rio das Mortes. Era o filho primogênito de João Baptista de Castro e Claudina Severina Batista da Silva, e de família tão importante que o retrato de seu bisavô (João Baptista Machado) está pintado no teto da Igreja Matriz de São João Del Rey, nos Açores. Esse meu bisavô, um rico e influente comerciante, chegou a ser citado numa obra de Saint-Hilaire (1779-1853) em seu livro *Segunda viagem a São Paulo*. Nela, o botânico, naturalista e viajante francês narrava um encontro que tiveram naquela cidade mineira.

A ascendência materna de João Baptista também era importante e proveniente da antiga nobreza lusitana. Seu avô era o Coronel Francisco Isidoro Baptista da Silva, natural de Santarém e sobrinho do português Dom Frei Cipriano, bispo de Mariana. Por seu lado, sua avó Claudina Severina de Resende vinha de uma família muito antiga que participou ativamente da Inconfidência.

João Baptista de Castro era bastante preparado intelectualmente. Fez o curso primário no Brasil e, aos 13 anos e meio, acompanhado de seu tio Carlos Baptista de Castro, o barão de Itaípe, seguiu para a Inglaterra, a mando do pai, influenciado por alguns amigos ingleses que viviam no Rio de Janeiro e com os quais fazia negócios comerciais. João Baptista estudou dois anos em Baylis House, próximo ao Castelo de Windsor. Depois o meu bisavô foi pessoalmente até a França para transferi-lo para o Liceu São Luis, em Paris.

Sempre ouvi dizer que esse meu tio-bisavô Carlos, que acompanhou João Baptista durante os dois anos de estudo na Inglaterra, era um talentoso tenor e que chegou a cantar, como amador, na corte austríaca. Seu sonho era ser cantor profissional, mas como a família não achava essa profissão muito digna, ele desistiu do sonho.

Nessa escola francesa, meu avô tinha como colegas de estudo oito jovens paraguaios que se divertiam com um personagem – o Doutor Semana – criado por ele para um jornal ilustrado que circulava apenas entre os estudantes. Ele próprio custeou essa publicação informal durante o período de guerra do Paraguai (1864 -1870), quando aquele nosso país vizinho guerreava contra a Tríplice Aliança formada por Brasil, Argentina e Uruguai.

Quando chegou hora de escolher uma faculdade, só havia duas opções no Brasil: ou a Faculdade de Direito da Universidade de São Paulo (do Largo São Francisco) ou a similar na Universidade Federal de Pernambuco (em Olinda), ambas fundadas a partir da promulgação de uma lei de 11 de agosto de 1827 que criou esses dois cursos de ciências jurídicas e sociais. Talvez por essa falta de boas opções, meu avô escolheu estudar mais longe.

Assim que formado no Liceu São Luis, João Baptista seguiu para a Bélgica junto com seu irmão Mário, mais precisamente Bruxelas, onde cursou os preparatórios exigidos na Universidade de Gand, a fim de cursar Engenharia Industrial. Ficou muito amigo de Ramos de Azevedo, seu colega de turma, e eles passaram a integrar um grupo grande de estudantes brasileiros.

João Baptista e o amigo foram aprovados no exame, fizeram todo o curso sem grandes dificuldades e obtiveram o diploma tornando-se engenheiros industriais em 1873. Finda essa etapa, meu avô e Ramos de Azevedo chegaram a se inscrever para estudar Engenharia Arquitetônica naquela mesma escola, mas o plano não deu certo porque o meu tio-avô Mário desistiu do curso que fazia. Nesse ínterim faleceu o meu bisavô, e os dois irmãos, junto com a mãe, agora viúva, embarcaram de volta ao Brasil, ele já formado e o irmão, sem o diploma.

A temporada na Europa foi transformadora para o meu avô. Ele voltou de lá, aos 24 anos, cheio de ideias republicanas adquiridas com amigos brasileiros com os quais conviveu ali. Ao contrário do meu avô, esse meu tio Mário era defensor da monarquia.

Capítulo 2

Do campo à indústria e à ferrovia

De volta ao Brasil, enquanto acumulava experiência trabalhando na fazenda da família e em iniciativas empresariais, em 1881, João Baptista, com apenas 26 anos, foi nomeado presidente da Estrada de Ferro Juiz de Fora ao Piau, integrando a força de líderes responsável pela construção de 75 quilômetros daquela ferrovia, que se prolongou de 1875 a 1881. Em sua equipe havia empreiteiros de nome, tais como Quintino Bocayuva (responsável pela construção de 40 quilômetros da estrada), de quem se tornou muito amigo. Afinal eram contemporâneos de uma mesma geração.

Nessa função, meu avô chegou a ter contato direto com D. Pedro II quando Sua Majestade foi pessoalmente até Juiz de Fora – acompanhado da imperatriz, mais comitiva – inaugurar os trabalhos de locação dessa ferrovia em 31 de agosto de 1881. Relatam os jornais e periódicos da época*:

Inauguração dos trabalhos de locação da Estrada de Ferro Juiz de Fóra a Piáu. Às 12 h 10 minutos da manhã de 31 de agosto, chegou a esta cidade o trem especial da EF D Pedro II, em que vinha (sic) Suas Majestades, para inaugurar os trabalhos de locação da via-férrea que em futuro não remoto , há de concorrer poderosamente para a prosperidade de uma zona agrícola ubérrima (**) , bem como o engrandecimento desta importante cidade .

Suas Majestades, foram recebidas na estação da EF Dom Pedro II pela Directoria da Cia, engenheiros da estrada, Câmara Municipal, Juizes de Direito e mais pessoas gratas, além de uma multidão compacta.

Da estação seguiram Suas Majestades e comitiva até ao Hotel Rio de Janeiro, onde foi servido esplêndido almoço.

Em seguida, voltaram Suas Majestades a estação da Estrada de Ferro Dom Pedro II e encaminharam-se para o elegante pavilhão que ao lado desta via férrea estava levantado e no qual se tinha erguido um

---

* Site da Associação de Engenheiros Ferroviários, fundada em 1937, que traz valioso estudo de preservação da memória ferroviária brasileira realizado pelo engenheiro Manoel Marcos Monachesi http://ferrovias.com.br/portal/memoria-ferroviaria-2/, acesso em 15/abr/2015.

** N.A. Ubérrimo = fértil, abundante.

troféu com instrumento de engenharia, coberto de crepe, em homenagem á memória do Conselheiro Buarque de Macedo .

Ahi, o presidente da Cia Dr. João Baptista de Castro , entregou a S.M. , um martelo de prata com cabo de jacarandá e de uma estaca de cedro envernizada, que o Monarca , afincou-a no local, para inaugurar, como de fato, o serviço de locação da dita via férrea .

O presidente da Cia ofereceu a Sua Majestade o martelo como uma recordação do acto, reservando-se a estaca de cedro para ser oferecida ao S. Exmo. Ministro da Marinha.

O povo que até esse instante tinha se conservado silencioso em consequência do inesperado falecimento do Conselheiro Buarque de Macedo, saudou a Suas Majestades.

Terminada a cerimônia, Suas Majestades tomaram o trem que partiu a 1 hora da tarde, de retorno à cidade do Rio de Janeiro.

O estudo "História do Café no Brasil Imperial"* traz alguns detalhes a mais do que aconteceu nesse evento, e a história, convenhamos, é bastante saborosa e demonstra bem o quanto o meu avô era contra o regime

* Beiller, Aloysio Clemente M.I. de J.Brever – *História do Café no Brasil Imperial* http://brevescafe.net/cornelio_mabel.htm, acesso em 14/ abr/ 2015.

monárquico e não especialmente contra a pessoa do Imperador, austera e digna. Consta que a festa contava com duas barracas com comidas e bebidas: uma para o Imperador e a esposa, a comitiva real e demais autoridades, outra para os operários. E foi para esta que o meu avô, o presidente da estrada de ferro, se dirigiu. A certa altura, Dom Pedro II reclamou da sua presença.

> *Com alguma relutância, Dr. Castro se encaminhou para a barraca onde se achava o Imperador, sentando-se ao lado da Imperatriz, conversando o tempo todo com ela, sem se dirigir ao ilustre esposo. De quando em vez os seus olhos se encontravam e este desviava os olhos porque não conseguia fixá-lo nos do outro, porque mais pareciam duas brasas acesas.*

E o estudo conta mais pormenores:

> *Em todas as festividades brasileiras, como nesta, havia banda de música e rojões. Desta vez, porém, o Imperador por luto de um seu Ministro, ordenou que abstivessem dessas manifestações ruidosas, em sinal de pesar, pelo infausto acontecimento, no que foi atendido. Mas, na hora da partida de Suas Majestades Imperiais e comitiva, o Dr. Castro gritou "Rompa meu povo" e os dobrados da banda retumbaram e as bombas dos foguetes espoucaram no ar.*

Esse era bem o jeito atrevido de ser do meu avô...

Capítulo 3

O casamento une duas famílias importantes

Enquanto ainda estava envolvido com a construção da estrada de ferro em Minas Gerais, meu avô, ao completar 27 anos, casou-se em 1º de dezembro de 1877, no Outeiro da Glória, no Rio de Janeiro, com Maria Isabel Breves Cornélio dos Santos (filha do Comendador João Martins Cornélio dos Santos – chamado "O Rei do Café" – e de Cecília Souza Breves Cornélio dos Santos). Era costume da época as pessoas mais influentes casarem-se no Rio de Janeiro, a então capital federal.

Aqui vale um parêntese para falar um pouco das minhas origens maternas. Minha mãe, Celina, vinha de uma linhagem (pelo lado paterno) que começou com Joaquim Pio de Campos Negreiros (1804-1889), o Barão de Cruz Alta, e da Viscondessa de Castelo

Louzã, da família Negreiros (do lado materno), fundadora da cidade paulista de Rio Claro. Filha mais velha de Joaquim Pio de Campos Negreiros com Cecília, foi seguida pelas irmãs Marina, Hilda e Honorina e, portanto, minhas tias.

Do lado de minha avó paterna e comprovado no livro *Descendentes e participantes da independência do Brasil*, por força de suas funções, como capitão-mor da Guarda Imperial, Joaquim José acompanhava Sua Alteza Imperial D. Pedro I em todas as suas cavalgadas e "escapadas", certamente montado em fogosos cavalos da raça mangalarga, criados pela família da minha bisavó Breves. Cabe aqui ressaltar sua famosa cavalgada a São Paulo, quando proclamou a Independência do Brasil em 7 de setembro de 1822.

Reprodução do brasão dos Breves pintado em porcelana por Gilda Marcondes Baptista de Castro / Foto de Flávio Clemente - Foto & Arte

A família de minha avó, Maria Isabel Cornélio dos Santos
em foto feita no dia do seu funeral (meu pai era o primeiro na foto) / Foto
de autor desconhecido, pertencente ao acervo da autora

As Carvalho Negreiros ainda jovens: Celina de Carvalho Negreiros (minha mãe), Marina, Hilda e Honorina (minhas tias) / Foto de autor desconhecido, pertencente ao acervo da autora

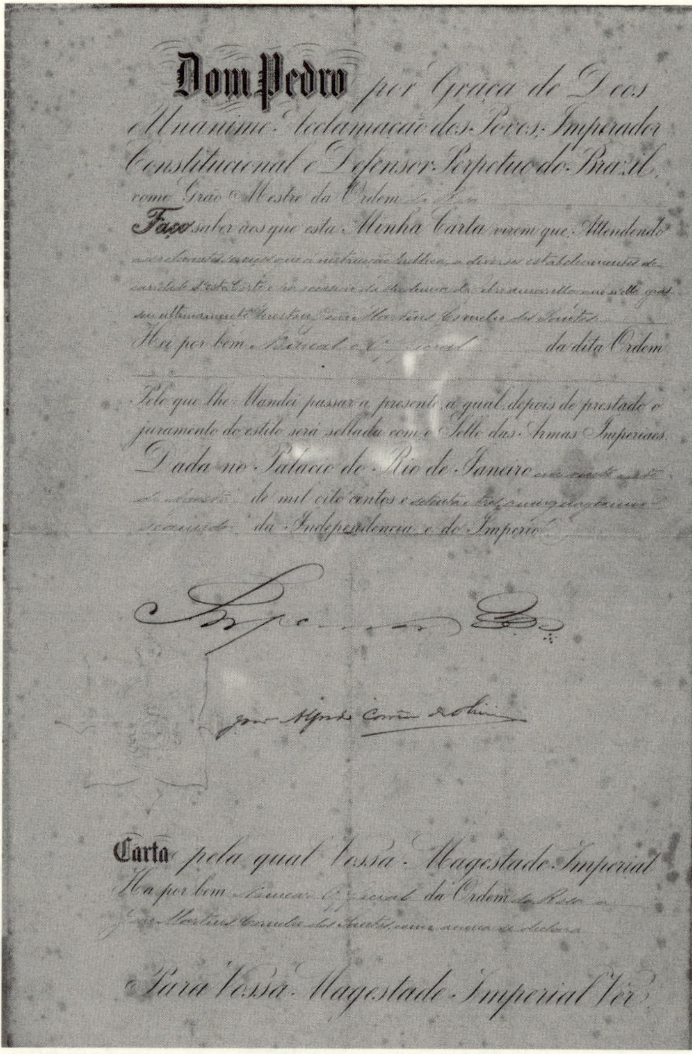

Dom Pedro por Graça de Deos e Unanime Acclamação dos Povos, Imperador Constitucional e Defensor Perpetuo do Brazil,
como Grão Mestre da Ordem [illegible]
Faço saber aos que esta Minha Carta virem que, Attendendo [illegible] João Martins Cornelio dos Santos
Hei por bem [illegible] da dita Ordem
Pelo que lhe Mandei passar a presente, a qual, depois de prestado o juramento do estilo será sellada com o Sello das Armas Imperiaes.
Dada no Palacio do Rio de Janeiro [illegible] de mil oito centos e [illegible] da Independencia e do Imperio.

Carta pela qual Vossa Magestade Imperial Ha por bem [illegible] da Ordem da Rosa [illegible] João Martins Cornelio dos Santos [illegible]

Para Vossa Magestade Imperial Ver

Decreto concedido por D.Pedro II a cavaleiros da Ordem da Rosa; este, a meu bisavô João Martins Cornélio dos Santos / Foto de Flávio Clemente - Foto & Arte

Meu antepassado José Souza Breves, capitão-mor
da Guarda Imperial / Gravura de autor desconhecido /
Foto de Flávio Clemente - Foto & Arte

Panô da Independência do Brasil, em reprodução do quadro de Pedro Américo / Foto de Flávio Clemente - Foto & Arte

Instituto Genealogico Brasileiro

DIPLOMA

O Sra. D.a Heloisa Negreiros de Castro

é Descendente de Participante da Independencia do Brasil

São Paulo, 23 de agôsto de 1972

Presidente

Diretor Geral

Diploma de participante da Independência do Brasil, à qual tenho muito orgulho de estar associada / Foto de Flávio Clemente - Foto & Arte

Joaquim José, membro da aristocracia rural brasileira e também chamado de "Rei do Café" na época do Império, tinha cerca de 70 ou 80 fazendas. Considerado o mais opulento dos Breves, na família sempre se contou que ele era tão rico que, toda vez que alguma sobrinha se casava ele dava uma fazenda como presente. Foi, por exemplo, o que aconteceu com Nicota, ao contrair núpcias com o Conde Maurício Haritoff. Ela recebeu de presente do tio uma linda fazenda chamada Bela Aliança, na região de Barra do Piraí. Vale a pena ver o livro *Salões e damas do segundo reinado*, de Wanderley Pinho que cita a bela fotografia que se encontra no Museu Nacional de Belas Artes, no Rio de Janeiro, registrando seus belos cabelos castanhos, soltos atrás da cabeça, e tendo aos pés um lindo galgo. Esse casal fazia parte da crônica mundial da época, uma vez que passavam seis meses em Paris e seis meses em sua residência no bairro das Laranjeiras, no Rio de Janeiro.

Estudos* apontam que Joaquim José era proprietário de 90 fazendas e 6 mil escravos. O grande escritor, professor e político Gustavo Barroso escreveu sobre ele no artigo intitulado "O Solar do Rei do Café",

* Barata, Carlos Eduardo de Almeida. *Os Breves – Abastados proprietários - parte I*, Genealogia http://www.hcgallery.com.br/genealogia.htm, acesso em 14/abr/2015.

publicado na extinta revista *Manchete*. Guardo esses escritos com carinho até hoje.

Dessa linhagem nasceu o meu bisavô, o Comendador João Cornélio, que casou-se com Cecília de Souza Breves, e juntos tiveram três filhas: Maria Isabel Breves Cornélio dos Santos (a minha avó, casada com João Baptista de Castro), Cornélia Isabel Breves dos Santos (casada com José Rodrigues Peixoto), e Maria Eugênia Breves Cornélio dos Santos (casada com Amadeu José Gonçalves, Conde de Araguaia, agraciado pela Santa Sé, nascido em Paris, filho do Visconde de Araguaia, o Barão de Teffé).

O Comendador João Martins Cornélio dos Santos nasceu em Cunha e descendia de antigos pioneiros paulistas radicados em Guaratinguetá, interior de São Paulo. Diversificou suas atividades e foi um dos homens mais ricos do seu tempo. Fundou e dirigiu o Banco do Comércio, foi comissário de café, proprietário de dezenas de imóveis em pontos privilegiados do centro comercial do Rio de Janeiro e grande acionista de diversas companhias e bancos, inclusive o Banco do Brasil*.

---

* Beiller, Aloysio Clemente M.I. de J.Brever – *História do Café no Brasil Imperial* http://brevescafe.net/cornelio_cecil.htm, acesso em 14/abr/2015.

Sua trajetória ficou para a história quando passou a integrar o quadro de benfeitores da Santa Casa de Misericórdia do Rio de Janeiro ao doar – em testamento – para a entidade um imóvel situado na rua do Catete, número 6, bairro da Glória. Essa mansão famosa na cidade foi tombada pelo Iphan – Instituto do Patrimônio Histórico e Artístico Nacional em 1938. Consta assim nos registros do Iphan.

> *Edificação com data de 1862 na fachada, foi adquirida em 1868 pelo Comendador João Martins Cornélio dos Santos, para sua residência. Este deixou em testamento a propriedade para a Santa Casa de Misericórdia, que aí instalou um asilo, com a invocação de São Cornélio, inaugurado em 1900. Extensa casa térrea com porão, apresenta para o logradouro embasamento revestido de mármore, sequência de janelas de peitoril com ombreiras de cantaria e vergas de arco pleno. A frontaria é encimada por platibanda revestida de azulejos, tendo, ao centro, tímpano com baixo-relevo de estuque. Sobre a platibanda, estatuetas de mármore marcam as prumadas das pilastras e cunhais. Nas duas extremidades da fachada, pequenos jardins com gradil de ferro fundido. Internamente, a edificação preserva, em muitos salões, tetos de estuque com baixo-relevo e pintura. Após sua aquisição pela Faculdade de Medicina Souza Marques, foi construí-*

da uma série de edificações na área localizada aos fundos da casa histórica, de feição puramente comercial.

A mansão originalmente foi residência da família Cornélio dos Santos. Depois de doada, funcionou por décadas sob o nome de Asilo São Cornélio (hoje seria chamado de "abrigo para menores" ou "estabelecimento de amparo à infância e juventude"). A partir da década de 1960, o edifício passou a sediar a Faculdade de Medicina Souza Marques (de cunho filantrópico, embora ofereça cursos pagos), que o deixou em 2.000. Desde então ficou fechado ao público, deteriorando-se e, infelizmente, foi invadido e saqueado em novembro de 2013.

Uma placa em bronze sobre as portas de entrada do asilo São Cornélio ostenta o nome do comendador Paulino José Soares de Souza, que legalizou a doação do solar de João Martins Cornélio dos Santos para o asilo e está ligado por parentesco à família Negreiros de Castro / Foto de Heloísa Negreiros de Castro

O Asilo São Cornélio / Foto de autor desconhecido,
pertencente ao acervo da autora

Capítulo 4

O jovem casal vai morar em Juiz de Fora

Voltando à história de João Baptista de Castro – afinal, o homenageado neste livro – logo após a sofisticada cerimônia de casamento, o jovem casal foi morar em Juiz de Fora (MG) em uma casa construída por ele no alto de uma colina*. Dessa união nasceram sete filhos: Maria, Cornélio, Mário, Raul, Cecília, Rodolfo e João Baptista de Castro Júnior, o primogênito, que mais tarde se casou com Celina de Campos Negreiros e vieram a ser os meus pais.

Em 1882, findo o trabalho com a estrada de ferro, João Baptista seguiu trabalhando como fazendeiro e industrial, sempre encontrando tempo para pensar e

* Essa casa hoje pertence à família Tostes.

Meus pais, em data próxima à de seu casamento / Foto de autor desconhecido, pertencente ao acervo da autora

fazer política. O curioso em sua trajetória é que, apesar de republicano declaradamente convicto, foi eleito vereador em Juiz de Fora por conservadores e liberais. Mas é obvio que aquilo não daria certo, e ele acabou renunciando ao cargo algum tempo depois por discordar dos processos administrativos e políticos vigentes à época.

No período em que viveu em Juiz de Fora meu avô montou, na cidade de Carandaí (região de Barbacena), uma fábrica de cal e exploração em mármores. Ele idealizou e construiu fornos contínuos, com camisa refratária de pedra-sabão tirada de suas terras, com tecnologia bastante moderna para os anos 1800. Muitos anos depois, ele transferiu para meu pai – o seu filho primogênito – a função de administrar essa indústria.

Capítulo 5

Mudança para o Rio de Janeiro e a República

João Baptista e a família viviam muito bem em Juiz de Fora, habitando uma casa construída por ele. Um chalé em estilo suíço, considerado na época, a melhor, mais bonita e confortável casa da região. Até o dia em que ele resolveu sair de lá: ele era tão republicano que, dizem, sua decisão de mudar de Juiz de Fora para Petrópolis, no Estado do Rio de Janeiro, foi motivada por suas crenças políticas.

E só para destacar o quanto ele era intransigente com a Monarquia, destaco aqui este diálogo grafado no estudo *História do café no Brasil Imperial:*

> *Indo ao Rio tratar de negócios, encontrou-se com seu parente Conselheiro Lima Duarte que lhe pediu que hospedasse membros da Família Imperial em sua*

residência de Juiz de Fora. Travou-se então o seguinte diálogo:

– Não hospedo essa gente por sermos inimigos políticos.

– Castro, ainda hei de fazê-lo barão, você é republicano por esnobismo.

Para não ter de hospedar pessoas que ele considerava indesejáveis e evitar maiores desgastes, ele preferiu fechar o imóvel de Juiz de Fora e se mudar, com toda a família, para Petrópolis.

Proclamação da República e a vida pública

Para entender o tempo em que o meu avô viveu, é preciso recorrer à história para ver que ele não estava sozinho em suas reservas quanto à monarquia. Entre os anos 1870 e 1880, o reinado de D. Pedro II sofreu várias crises institucionais. E em 1889, quando João Baptista completava 40 anos, o Brasil vivia um estado geral de inquietação que é bem resumido aqui [*]:

As classes médias urbanas e os cafeicultores do Oeste paulista buscavam ampliar sua participação política

* Souza, Rainer em http://www.brasilescola.com/historiab/proclamacaodarepublica.htm , acesso em 15/abr/2015.

através de uma nova forma de governo. Ao mesmo tempo, os militares que saíram vitoriosos da Guerra do Paraguai se aproximaram do pensamento positivista, defensor de um governo republicano centralizado. Além dessa demanda por transformação política, devemos também destacar como a campanha abolicionista começou a divulgar uma forte propaganda contra o regime monárquico. [...]O latifúndio e a sociedade escravista que justificavam a presença de um imperador enérgico e autoritário, não faziam mais sentido às novas feições da sociedade brasileira do século XIX.

Defensor dos ideais republicanos, conversando com Sampaio Ferraz num café do beco das Cancelas, no Rio, meu avô comentou que sentia algo estranho no ar e quis saber do amigo o que estava acontecendo, mas não obteve resposta. O velho governo monárquico não possuía mais base de sustentação política. E meu avô estava certo.

Dias depois, em 15 de novembro de 1889 um golpe militar encabeçado pelo Marechal Deodoro da Fonseca declarava a Proclamação da República com o apoio civil de integrantes do Partido Republicano, na Câmara dos Vereadores do Rio de Janeiro.

Minha mãe guardava com carinho o "*cotillon*"* que a mãe dela recebeu ao participar do baile realizado na Ilha Fiscal, exatamente na noite em que Pedro II foi retirado do evento e levado por via marítima para o exilio. Sua Alteza amava muito o Brasil que tanto ajudou a crescer. Numa viagem a Paris, conheci o hotel em que ele viveu. O estabelecimento ostentava uma tabuleta em bronze que registrava a presença do Imperador ali até a sua morte.

E assim que a República foi instituída, o próprio Sampaio Ferraz convocou o meu avô para chefiar o policiamento num dos bairros mais violentos do Rio de Janeiro, a Saúde, centro da malandragem e "capoeiragem", como se dizia à época. Meu avô encarou o desafio, e foi saneando a região com a prisão de marginais que lá viviam. O difícil era lidar com a pressão das esposas dos bandidos para que não mandassem seus maridos para o presídio de Fernando de Noronha, "[...] fundado em 1737, depois que a Coroa portuguesa percebeu o risco de perder essas terras, já que, do século XVI até o XVIII, franceses e holandeses fizeram várias investidas na ilha. Para tomar conta daquele ponto estratégico de rotas comerciais – no meio do ca-

---

* *Cotillon* significa uma peça dada como lembrança aos participantes de um evento.

minho para a Europa e a África –, o jeito foi povoar o lugar levando degredados e assassinos"*.

João Baptista de Castro ficou pouco tempo nesta função, pois como já estava residindo em Petrópolis àquela época, foi nomeado Presidente daquela municipalidade pelo governador dr. Francisco Portela, por indicação de Alcindo Guanabara. Assim que foi promulgada a Constituição Brasileira, ele presidiu a primeira eleição naquela cidade. A forte oposição chefiada pelo dr. Porciúncula venceu o pleito. Os situacionistas quiseram fraudar, mas meu avô não consentiu. Ameaçou denunciar a fraude e anular as eleições, e então as coisas se assentaram.

---

* Bojunga, Claudia. "A ilha-prisão" http://www.revistadehistoria.com.br/secao/artigos-revista/reportagem-a-ilha-prisao, acesso em 15/abr/2015.

Capítulo 6

O segundo casamento e a nova vida em Petrópolis

Quando o meu avô foi para o Rio de Janeiro, a minha avó Maria Isabel o seguiu, morando em Minas com os filhos, enquanto ele construía o Palacete Castro num dos pontos mais belos de Petrópolis, o Alto da Serra. Antes, contudo, que as obras terminassem, a minha avó veio a falecer na fazenda da família, no município de Santa Maria Madalena, região de Juiz de Fora. Infelizmente ela não conseguiu ver aquela obra finalizada, tampouco eu tive a chance de conhecer a minha avó Maria Isabel.

O palacete Castro, em Petrópolis, guache pintado pela minha amiga Renée Lefreve que tenho orgulhosamente em minha casa / Foto de Flávio Clemente - Foto & Arte

Logo após a morte da minha avó, já instalado no Rio de Janeiro, a então capital federal, segundo matéria publicada no *Diário Nacional**, João Baptista tornou-se comissário de café, sucedendo a seu sogro.

João Baptista ficou viúvo por muito pouco tempo. Em 6 de fevereiro de 1899, casou-se novamente no outeiro da Gloria com a também viúva Dorliska de Mattos Rudge (já mãe de cinco filhos). E ele, do primeiro casamento, pai de outros cinco. Mas não chegaram a residir no palacete Castro, pois ainda estava sendo cumprida a partilha entre os herdeiros. Desta segunda união, João Baptista e Dorliska tiveram dois filhos: Pedro e Luis e todos viviam com muita união. Antes de assinar o pacto nupcial, João Baptista quitou as dívidas da casa que ela herdara do primeiro casamento, passando aquele imóvel da rua Souza Franco para o nome da nova esposa. Assim que se casou com Dorliska, João Baptista mandou os filhos do primeiro casamento estudarem na Europa (incluindo o meu pai).

* "A vida honrada de João Baptista de Castro", *Diário Nacional*, 14 de julho de 1928.

Foto do casal João Baptista e Dorliska Mattos Rudge
na varanda da casa da rua Souza Franco / Foto de autor desconhecido,
pertencente ao acervo da autora

As marcas dos Castro em Petrópolis

A família Baptista de Castro era proprietária de todo o Alto da Serra de Petrópolis. Ali meu avô construiu, nas fraldas de um morro, o Palacete Castro, com tijolos aparentes, como na Bélgica, com lambris e janelas inteiramente em madeira de jacarandá com um metro de recuo. A construção, praticamente um castelo, era inteiramente cercada de gramado no estilo inglês, com cavalariças ao lado. No canto esquerdo do solar havia uma torre típica dos castelos europeus. A escadaria de entrada era toda em mármore, tendo, acima, um alpendre com colunas que sustentavam uma varanda no andar superior. Uma obra tão portentosa que merecia assinatura, por isso o palacete exibia, na fachada principal, o símbolo da República e, logo abaixo, as iniciais do meu avô: JBC.

A família já morava em um casarão menor quando eu vim ao mundo, no dia 12 de fevereiro de 1921. Cheguei a conhecer os dois imóveis e tenho muitas saudades do tempo de minha meninice, principalmente das férias, quando fazia excursões de bicicleta com todas as minhas amigas, nadávamos nas represas chamadas "do Imperador" e tomávamos banhos de cascata; enfim, eram férias completas, menos nos dias em que eu tinha aula de piano e era obrigada a praticar por duas horas. À tarde, íamos ao cinema, ainda mudo, que custava 0,50 centavos de contos de réis, e em seguida tomávamos lanche na famosa Confeitaria d'Angelo.

Minha professora, Dina Rocha Fragoso, com muita bondade, procurava desculpar a minha falta de atenção para solfejar. Ela era prima de minha mãe e nada cobrava por minhas aulas nessa época de vacas já não tão gordas para o meu pai. Pela mesma razão também não pude estudar no colégio Notre Dame de Sion, como minhas irmãs. Minha própria mãe foi "*enfant de Sion*" no tempo em que todas as freiras eram francesas e ensinavam o seu idioma.

A mesma crise financeira da família afetou também meu irmão mais velho, João Baptista de Castro Neto, que não pôde cursar o famoso Colégio Pedro II. Apesar de ter todos os requisitos para ser diplomata, ele teve que se contentar em trabalhar como caixa no Banco do Brasil.

Meu pai certa vez me contou que, um dia, andando cabisbaixo e preocupado com a sua situação financeira, em plena Praça do Patriarca, em frente à igrejinha de Santo Antônio, tropeçou em algo parecido ser uma pedrinha. Abaixou-se para apanhar e era um *bottom* com os dizeres: "Cristo é a resposta".

Estive relendo um março de cartas trocadas por meus pais durante o noivado, algumas em francês e outras em português, idiomas que ambos dominavam com facilidade. Em uma delas, minha mãe relatava a ele, toda entusiasmada, a sua ida a Campo dos Afonsos para presenciar as experiências que Santos Dumont realizava com seu 14 Bis.

Tenho muitas saudades, sobretudo do Beco das Cancelas, famoso recanto do Rio antigo, onde morava a família Maia Monteiro. Minha mãe me deixava na casa deles para ir às compras com sua amiga, a senhora Balbina Amorim de Maia Monteiro, enquanto eu ficava estudando ou brincando. Nos dias quentes, tomava banho gelado no tanque que existia ali.

O filho deles, Roberto, gostava de passar os verões em Petrópolis, devido ao clima mais fresco da serra. Ele era muito culto, falava inglês, jogava tênis e crescemos nos correspondendo nesse idioma. Com o tempo, ele passou a me fazer a corte e eu gostava. Era um amor puro de jovens, que poderia dar em casamento. Mas assim que completei 13 anos, meu pai veio trabalhar em São Paulo, e viemos todos com ele. A partir daí tudo mudou e, aos poucos, fui me distanciando de Roberto, com quem poderia ter me casado. Tínhamos muito em comum. Naquela época a autoridade dos pais era completa, éramos muito vigiadas e somente tínhamos que obedecer.

E só fazendo um parênteses, dando um salto na história, já na década de 1970, quando tive oportunidade de desfrutar de umas férias mais longas, hospedei-me na casa de uma amiga de infância em Petrópolis,

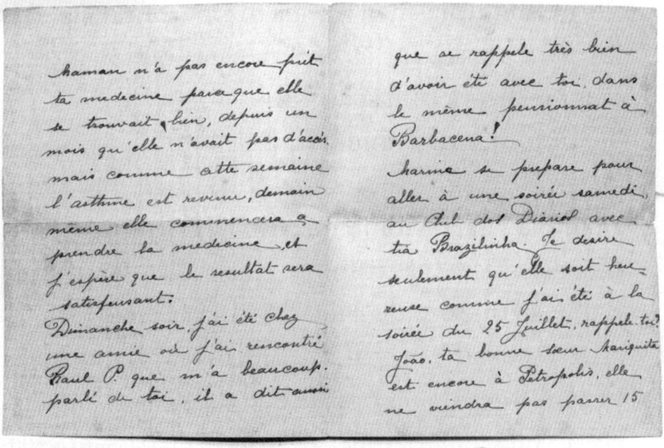

Maman n'a pas encore fait
ta medecine para que elle
se trouvait bien, depuis un
mois qu'elle n'avait pas d'accès
mais comme cette semaine
l'asthme est revenu, demain
même elle commencera à
prendre la medecine et
j'espère que le resultat sera
satisfaisant.
Dimanche soir, j'ai été chez
une amie où j'ai rencontré
Raul P. que m'a beaucoup
parlé de toi, il a dit aussi

que se rappele très bien
d'avoir été avec toi dans
le même pensionnat à
Barbacena!
Marina se prepare pour
aller à une soirée samedi,
au Club dos Diarios avec
tia Brazilinha. Je desire
seulement qu'elle soit heu-
reuse comme j'ai été à la
soirée du 25 Juillet, rappele-toi?
João, ta bonne soeur Mariquita
est encore à Petropolis, elle
ne viendra pas passer 15

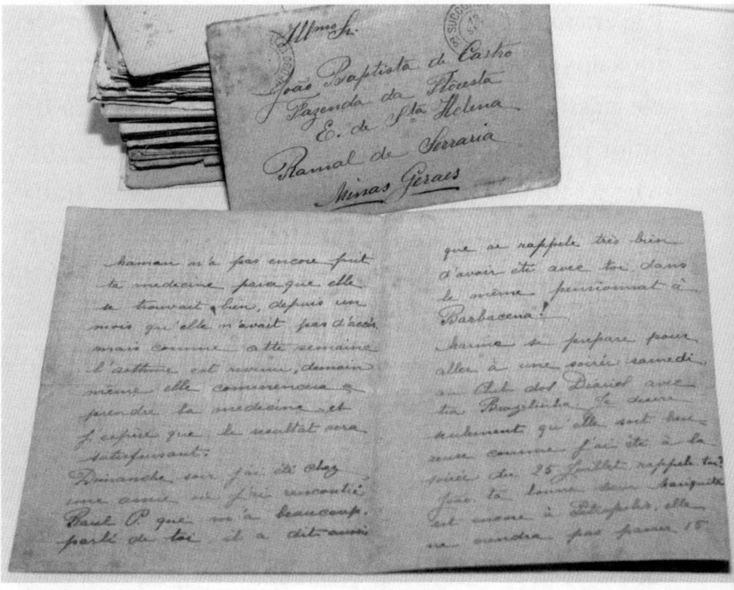

Cartas trocadas entre meus pais, algumas em francês / Fotos de Flávio Clemente - Foto & Arte

Heloísa, em 1935 / Fotos de autor desconhecido,
pertencentes ao acervo da autora

Na formatura do ginásio / Foto de autor desconhecido, pertencente ao acervo da autora

Alda Milanez Freire de Aguiar. Andando a pé por ali a caminho de rever alguns velhos amigos, ao passar bem em frente à nossa antiga residência, observei, com desgosto, que a cada esquina havia um despacho de macumba. Subi a ladeira para rever a igrejinha de Santo Antônio, onde, aos sete anos, coroei Nossa Senhora e onde fui preparada para a minha Primeira Comunhão, realizada na Catedral de Petrópolis, em 7 de dezembro de 1930. Fiquei emocionada porque, justamente naquele momento, alguém dedilhava a mesma valsa que minha mãe costumava tocar. Ajoelhei-me para rezar e chorei de saudades. Logo depois Alda levou-me para rever meu querido amigo de infância, Roberto Maia Monteiro que, quando jovem, residiu com seus pais em Londres. Meu coração bateu forte, mas ele, casado pela segunda vez, tratou-me apenas com cortesia e polidez. Jogava tênis e por isso enviou-me uma bela raquete de presente.

Sua mãe, a querida senhora Balbina queria muito que eu me casasse com seu filho. Mas, infelizmente, contra a minha vontade, não deu certo: meu pai impediu-me de manter a correspondência com Roberto, alegando que o embaixador, seu pai, era "*da carriere*" (algo como "mundano demais"). Só mais tarde compreendi o verdadeiro significado desta oposição. Mas ela era injusta, porque aos 15 anos eu e Roberto estivemos hospedados numa fazenda em Botucatu – onde meu irmão Renato era gerente – e lá montávamos cavalos todos os dias, e Roberto sempre demonstrou ser um rapaz sadio, cheio de vida e portador de uma bela educação, mas era tarde demais.

Voltando à historia do palacete, depois da mudança da família para a casa menor, o palacete ficou fechado. Em 1941, dois empresários começaram a construir ali mesmo em Petrópolis o Palácio (ou Hotel) Quitandinha com a pretensão de criar naquele local o maior cassino hotel da América do Sul. O estilo arquitetônico do Quitandinha utilizava, internamente, o rococó hollywoodiano e o normando-francês na parte de fora, estilo esse já bastante presente na arquitetura de Petrópolis devido à colonização alemã.

O Quitandinha possuía 50 mil metros quadrados e seis andares, divididos em 440 apartamentos e treze grandes salões com até dez metros de altura. A cúpula do Salão Mauá era a segunda maior do mundo, medindo trinta metros de altura e cinquenta de diâmetro. Na construção do lago foi usada uma grande quantidade de areia da praia de Copacabana. O lago em toda a extensão de sua imponente fachada possui o formato do mapa do Brasil e foi construído como único suporte viável no caso de um inesperado incêndio.

Em 1944, quando concluída a sua construção, e bem quando o Quitandinha começava a receber grandes nomes do *jetset* internacional, artistas e políticos, com receio que o nosso castelo fizesse concorrência, os seus proprietários pressionaram o governo do Estado do Rio de Janeiro, que o desapropriou por 120 contos de réis. Uma ninharia se pensarmos que era uma edificação imensa, realmente um castelo. Derrubaram tudo e construíram ali uma vila operária, com dezenas de casas populares.

Mas os planos daqueles empresários foram frustrados quando, em 30 de maio de 1946, o presidente Eurico Gaspar Dutra decretou a proibição do jogo no Brasil. Foi o fim do Quitandinha enquanto cassino. Ele ainda tentou sobreviver somente como hotel por algum tempo. Mas, a partir da década de 1960, começou a ter dificuldades, uma vez que seu alto padrão custava caro demais aos hóspedes. Sem o cassino, ele começou a perder terreno para concorrentes da época localizados na capital, mais próximos das classes mais abastadas e das maiores esferas de poder, como o Hotel Glória e o Copacabana Palace. Em 1962 o Palácio Quitandinha deixava de funcionar como hotel. Perderam eles, perdemos nós, os Baptista de Castro, também.

Mais à frente chegaremos até a terceira união e o final da vida do meu avô, mas o importante é sabermos que, com o seu falecimento, o Palacete Castro passou a integrar a grande herança que João Baptista deixou para os filhos (cinco do primeiro casamento, dois do segundo, mais os cinco que teve quando já bem idoso). Havia divergências entre os irmãos, e como não se entendiam, aos poucos cada um foi vendendo a sua parte para a tia Mariquita (mãe do meu primo Roberto), que era casada com Bodé Von Rombauer, um nobre europeu, até que ela ficou dona de tudo. Mas ela viajava muito, passava longos períodos na Europa e o imóvel vivia fechado.

Uma pena o Palacete Castro ter sido demolido, ele era parte da história do nosso país. Existem outros ainda de pé por ali. A ex-ministra Marta Suplicy tem um castelo desses lá em Petrópolis e paga-se para visitar.

Vale destacar também que toda transação imobiliária na região do centro histórico de Petrópolis até hoje precisa pagar uma taxa chamada de "laudêmio", em favor da monarquia. Criada pela coroa portuguesa, a taxa financia a sobrevivência dos nossos nobres. Em Petrópolis existem cinco terras aforadas, e a principal delas pertence à família imperial. A cada venda de apartamento, casa ou ponto comercial no centro da cidade, 2,5% são destinados aos descendentes da nossa família imperial*.

* Stefano, André – *Jornal Brasil de Fato*, "Nossa família irreal", via Folhapress, 03/maio/2011 http://www.brasildefato.com.br/node/6205, acesso em 15/abr/2015.

CAPÍTULO 7

Representante dos agricultores

Em 1897, nos anos pré-Proclamação da República, meu avô fundou a Sociedade Nacional de Agricultura, com sede no Rio, cujas metas eram centralizadas na defesa e no desenvolvimento do setor agrícola. O exemplo mais antigo e um dos mais importantes desse tipo de causa foi a mobilização que propiciou a recriação do Ministério da Agricultura, extinto em 1892 e reorganizado em 1907 *. No período em que o ministério esteve extinto, a SNA não só se empenhou para sua restauração, como assumiu diversas de suas funções, orientando os produtores rurais, fornecendo-lhes

* Paiva, Luciana. "Da monocultura ao agronegócio", revista *Panorama Rural,* setembro, 2009. Pp. 52-55 disponível no site da SNA http://sna.agr.br/PanRural127_Historia.pdf, acesso em 14/abr/2015.

informações e defendendo suas causas. Em 1901, então como primeiro vice-presidente, meu avô representou a entidade no Congresso Agrícola de Belo Horizonte, presidido por João Pinheiro.

Aqui, resumo da ata da sessão de diretoria datada de 21 de maio de 1901* (com a grafia de hoje):

> *O Sr. Dr. João Baptista de Castro, convencido da necessidade e alcance social e econômico da formação de sindicatos agrícolas; encarando a urgência que temos no Brasil de aclimar essas instituições que se firmam no espírito de solidariedade e união dos agricultores de quaisquer países, tanto na essência dessas instituições como em seus corolários: crédito agrícola por meio de caixas rurais, seguro mútuo abrangendo: chuvas de pedra ou granizo, mortalidade do gado, socorros mútuos, aposentadorias etc.; não podendo e nem devendo a Sociedade Nacional de Agricultura deixar de tomar a iniciativa que lhe cabe, no intuito de fomentar a união dos agricultores brasileiros em torno de seus legítimos interesses e aspirações, dentro ou fora das épocas de crises, como atualmente acontece; antevendo, finalmente, a solução procurada para solvermos o problema que se prende tanto à propaganda eficaz para o aumento do consumo do café*

* Página 155, verso, livro 2 da Sociedade Nacional de Agricultura.

brasileiro, como para a venda mais direta aos consumidores, pelo fato de podermos manter com os sindicatos europeus, em perfeita comunhão de visitas e interesses solidários, ou seus muito eficazes efeitos de ação propõe:

1º) Que a Sociedade Nacional de Agricultura constitua, entre os seus membros, uma comissão encarregada da propaganda e animação, pelos meios conhecidos, para a formação de sindicatos agrícolas nos municípios dos diversos estados da União;

2º) Que essa comissão, de acordo com a propaganda do café, em nome da Sociedade Nacional de Agricultura de França e seus congêneres de outros países da Europa para, unidos, entabularem relações que tenham por fim promover as vendas diretas dos cafés brasileiros, com a cooperação desses mesmos sindicatos europeus. O Sr. Presidente (Dr. Antonio Fialho) diz que a proposta do Sr. Baptista de Castro fica sobre a mesa para ser discutida na próxima sessão.

Sempre colocadas em pauta, as ideias do meu avô talvez fossem modernas demais para o Brasil daquela época e acabavam desagradando a alguns. Exemplo disso é que, dois meses depois, na sessão da diretoria de 30 de julho de 1901, Horácio Antunes manifestava-se contrário ao projeto de sindicatos agrícolas "por considerar que eles não resolvem a crise da lavoura no momento atual, crise que requer uma solução pronta", declarando o programa apresentado pela comissão "difícil de ser executado".

Um ano e meio depois, portanto em 11 de dezembro de 1902, com sua proposta ainda encontrando opositores, João Baptista de Castro, agora já na qualidade de diretor da entidade, não podendo comparecer a uma reunião da diretoria por motivo de saúde, enviou a seguinte mensagem homenageando o dr. Joaquim Ignácio Tosta, então deputado federal pelo estado da Bahia, pelos serviços prestados em prol da lavoura brasileira:

> *Não serei talvez o último a vir manifestar ao benemérito dr. Ignácio Tosta todos os aplausos e agradecimentos de que é merecedor pela campanha que acaba de vencer no seio da Câmara Legislativa da União, acompanhando e impulsionando a passagem da lei que virá preencher uma grande lacuna que se verifica na nossa legislação, onde não existiam garantias especiais, amplas, de amparo e proteção para as associações agrícolas profissionais, consultando as necessidades e aspirações das ideias mais modernamente consagradas por homens eminentes das várias nações cultas, inspirados na solidariedade e mutualidade dos produtores, trabalhadores do solo.*
>
> *Creio poder falar também em nome da lavoura mineira, nesta justa manifestação, cabendo-me ainda a satisfação íntima de haver dado os primeiros passos*

na propaganda dos sindicatos agrícolas no Brasil, assistindo com indizível e não menos grande satisfação o progresso que a ideia realizou em tão curto período, conquistando numerosos adeptos no seio da Sociedade Nacional de Agricultura para onde a levei. E que, com a compreensão da sua nobre missão, imita perfeitamente a mesma atitude assumida pela sua congênere francesa: a Societé des Agriculteurs de France, quando impulsionou a fundação dos sindicatos agrícolas naquela nação, após a lei de 1884.

Lá se vão 18 anos, e somente agora é que nos devotamos ao estudo dessas instituições, graças à crise que nos sufoca atualmente.

Oxalá a agricultura brasileira possa aproveitar praticamente dos benefícios que lhe trará, infalivelmente, a realização dos sindicatos agrícolas, tanto para vencer a atual crise, como para prevenir futuras dificuldades.

Capítulo 8

O primeiro sindicato dos agropecuaristas do Brasil

A partir de 1863 começaram a surgir diversas formas de organização como a Liga Operária e União Operária que tinham como principal finalidade reunir e defender os trabalhadores que as compunham. No início do século XX foram criadas várias associações de classe que, embora não possuíssem ainda um caráter sindical, já demonstravam interesse quanto a significação social do sindicalismo e a importância dos movimentos operários.

Nesse limiar do novo século os trabalhadores trabalhavam sob condições absolutamente desumanas no Brasil. Enquanto imigrantes, escravos agora libertos, militares da marinha ou trabalhadores empregados no campo ou cidade começavam a programar revoltas ou simplesmente unir-se para lutar por melhores condições de trabalho, em 1º de março de 1904, no Rio de Janeiro, João Baptista de Castro assinava, ao lado de homens ilustres, o estatuto de abertura do Sindicato Central dos Agricultores do Brasil na qualidade de 1º vice-presidente dessa entidade patronal.

Aqui o texto na íntegra (com a grafia atualizada):

> *O Sindicato Central dos Agricultores no Brasil, fundado nesta Capital, tem por fim, pondo em prática o mecanismo da lei federal de 6 de janeiro de 1903, auxiliar a lavoura e indústrias conexas, realizando os seguintes intuitos:*
>
> *1º) Proporcionar às respectivas classes, pela concentração dos pedidos, compras mais vantajosas e garantidas, do que as realizadas no mercado a varejo, de sementes, máquinas, ferramentas, animais de raça, sacarias, gêneros alimentícios etc.;*
>
> *2º) Facilitar-lhes a venda dos produtos pelos preços mais favoráveis do consumo real, poupando-lhes grandes dispêndios ora feitos com intermediários dispensáveis;*
>
> *3º) Informá-las das variações do mercado e descortinar novos;*
>
> *4º) Instruí-las nas culturas mais rendosas e no preparo aperfeiçoado de gêneros remuneradores, que urge aproveitar, a par dos já conhecidos e exportados.*

O Sindicato Central manterá seções especiais para o café, açúcar, álcool etc., tomando muito particularmente atenção à utilização industrial do importante e aludido fator de luz, calor e força motriz.

Não se discute a necessidade de uma instituição semelhante, emanada dos que são imediatamente interessados no desenvolvimento da riqueza nacional, em rápida decadência.

Impõe-se por si mesma com a força da evidência.

Os que se dedicam à agricultura e aos trabalhos dela derivados, assim como dos demais que se baseiam no solo, devem compenetrar-se de que se não curarem por si mesmos de melhorar de sorte, continuarão a definhar, sob incômoda e exaustiva tutela. Para se emanciparem cumpre que se associem e se fortaleçam pela solidariedade de propósitos e meios de ação. Nada produzem de profícuo e duradouro o isolamento e o individualismo.

Exemplo frisante do que pode o espírito de associação encontra-se aqui mesmo, na cidade do Rio de Janeiro: é o da importante Associação dos Empregados no Comércio, com a sua magnífica instalação, diversidade de serviços organizados e instituições complementares como um banco e uma companhia de seguros.

Resultados idênticos necessariamente hão de colher as classes produtoras, desde que nisso se empenhem com energia, devotamento, e sem outros interesses mais que os da comunhão.

Acredita o Sindicato que, em futuro próximo, ser-lhe-á permitido comemorá-los, se for convenientemente auxiliado por aqueles aos quais se propõe servir como todo o zelo.

Estimado contar V.Sas, entre os membros do novo instituto os diretores abaixo assinados remetem-lhe para melhor orientá-lo, um exemplar dos Estatutos que foram adotados.

Qualquer resposta com que se digne honrá-los deverá ser dirigida ao escritório da Sociedade Nacional de Agricultura, à rua da Alfândega, nº 102.

Com a mais distinta consideração e apreço, somos
Visconde de Ouro Preto, Presidente
João Baptista de Castro, 1º Vice-Presidente
E mais oito assinaturas de homens proeminentes.

Como se vê, meu avô era incansável, e seguiu por muito tempo atuando junto à Sociedade Nacional de Agricultura ao mesmo tempo em que lutava pela sobrevivência do Sindicato Central dos Agricultores do Brasil, denunciando entidades que começaram a pipocar por todo o território brasileiro, mas infelizmente, na maior parte dos casos, não seguindo as diretrizes que a Sociedade Nacional de Agricultura preconizava.

Por essa razão, na reunião de 2 de julho de 1903 da entidade, ele tomou a palavra para denunciar as associações que, sob o nome de "sindicatos agrícolas" estavam sendo fundadas em várias localidades, principalmente do Estado de São Paulo:

> *Convém que a SNA insista junto de S. Exa. o Sr. Ministro da Viação para apressar a regulamentação da lei nº 979 de 6 de janeiro de 1903, que autoriza a criação e funcionamento dos sindicatos agrícolas em nosso país, a fim de evitar abusos.*

Na ocasião ele aproveitou para comunicar aos seus pares que recebeu os estatutos do Sindicato Agrícola de Caxias, no Maranhão, a seu ver "organizado muito em ordem e de acordo com os sãos princípios", o que infelizmente era uma exceção à regra.

Capítulo 9

Numa dedicatória, a expressão de uma luta

Meu avô foi um homem de sorte, pois sempre pôde contar com o apoio das esposas. No primeiro casamento, minha avó Maria Isabel sempre apoiou suas iniciativas. Já sua segunda mulher, Dorliska, esta o incentivava bastante intelectualmente. Culta e viajada, ela acompanhava tudo o que era de novidade no estrangeiro e foi ela quem mostrou a João Baptista alguns artigos de publicações europeias a respeito da questão do sindicalismo já bem desenvolvido por lá.

João Baptista ficou tão encantado com esse ideal cooperativista que tomou para si a missão de divulgar essas ideias, ao mesmo tempo em que lutava pela nossa agropecuária. Incentivado pelos seus colegas diretores da Sociedade Nacional de Agricultura, solicitou e obteve a autorização de tradução para o português da obra *Manual Prático dos Sindicatos Agrícolas* junto ao seu autor, o francês Henry de Gailhard Bancel.

A influência de Dorliska nessa nova luta do meu avô foi tamanha que, quando ele traduziu e publicou esse manual, fez questão de dar a ela um exemplar autografado com a seguinte e carinhosa dedicatória datada de dezembro de 1904, aos 55 anos de idade:

> *Aqui tens o resultado de teu espírito clarividente nas nossas palestras – este livro. Foste a primeira a me apontar o que já estava feito e eu sentia em mim, vaga e latentemente. Se alguns frutos daí resultarem, cabem a ti em grande parte. Ambos cooperamos para o bem comum e, oxalá os nossos filhos venham a participar, um dia, dos benefícios que a nossa pátria colherá na prática das instituições salvadoras que fazem a grandeza moral, material e social de outros povos mais civilizados, cuidadosos da sua agricultura.*

Apoiado nos preceitos difundidos por essa obra, e pela prosa brilhante e eloquente de Garção I. Stocker, meu avô conseguiu fazer vingar, na seção do café de um importante encontro de produtores em Belo Horizonte, os bons princípios do cooperativismo que ele acreditava e que há tempos vinha difundindo.

João Baptista estava tão imbuído da certeza da necessidade da união dos agropecuaristas que levou até o presidente Rodrigues Alves esse desejo da categoria. E deu certo. O primeiro Decreto que menciona o cooperativismo surgiu no dia 06 de janeiro de 1903, sob o nº 979, permitindo aos sindicatos a organização de caixas rurais de crédito, bem como cooperativas agropecuárias e de consumo, sem maiores detalhes. Em 05 de janeiro de 1907, surgia o Decreto nº 1.637, onde o Governo reconhecia a utilidade das cooperativas, mas sem ainda reconhecer sua forma jurídica, distinta de outras entidades.

Posteriormente, para incrementar a difusão dos ideais do cooperativismo, meu avô passou a escrever artigos que foram publicados no *Jornal do Commercio* (Rio de Janeiro), *Correio de Minas* (Juiz de Fora), *Jornal dos Agricultores,* de Antonio Medeiros, entre outras publicações.

Paralelamente a todo esse empenho político, conseguiu obter a representação da firma Paul Kack, de Hamburgo, das máquinas de beneficiamento de café produzidas por essa companhia, e que permitiam transformar os nossos cafés de terreiro em cafés lavados, muito mais rentáveis. E em seguida aceitou convite de João Pinheiro para expor suas ideias, em Belo Horizonte, sobre os problemas da agricultura cafeeira no país.

Em sua argumentação, meu avô exibiu um resultado incontestável de prova a favor da sua argumentação: comissários do Rio e de São Paulo não conseguiram identificar que aquele café que estavam conhecendo era o mesmo café de terreiro depois de ter passado pelo equipamento. Foi dessa forma que o café brasileiro passou a poder ser comparado a outros de renome, como os dos tipos Java, Bourbon, Ceilão etc.

Com sua prosa entusiasta, aos poucos João Baptista foi atraindo tantas pessoas, que logo concebeu o plano de criar uma grande associação que unisse produtores de café sob as bases do cooperativismo. A sede central seria em São Paulo, com ramificações idênticas em Minas, Rio, Espírito Santo, Bahia etc. A ideia era que, nessa vasta associação, os fazendeiros marcassem a cotização a ser arrecadada anualmente pelos governos desses estados. Em seguida, os estados transfeririam esses fundos para os fazendeiros, o que seria uma forma do governo auxiliar indiretamente a associação, ao invés de apenas recolher taxas e mais taxas.

Desde a infância, aprendi com meu pai que até os "burrinhos" compreendem a importância da participação para sua sobrevivência. Esse justamente o lema do cooperativismo.

Segundo os ideais do meu avô, ninguém melhor do que os próprios lavradores para saber o que era preciso ser feito para melhorar a qualidade do que era plantado, aumentar a produção e baratear os preços. Era seu plano também posteriormente instituir, via a associação, o crédito agrícola, estabelecer um sistema de seguros, otimizar o transporte marítimo dos produtos agrícolas via barcos-vapores próprios, cuidar da divulgação e ainda estimular a criação das nossas próprias fábricas de sacos para embalar a produção. Seu projeto era suprimir taxas, sobretaxas e intermediários, elementos parasitários interpostos entre quem produz e aquele que consome.

Seu plano visava que os fazendeiros associados tivessem acesso a todos os serviços e produtos fabricados pelas associações pelo preço de custo acrescido unicamente das despesas administrativas e operacionais, de forma proporcional à sua produção. Taxas e sobretaxas seriam eliminadas. Dessa forma conseguiriam baratear o produto, o que contribuiria para o aumento da produção segundo as leis de oferta e procura que regem os mercados. Seu principio era "produzir muito, muito bom e muito barato, e em boas condições para vender vantajosamente e conquistar cada vez mais novos mercados".

Na entrevista que deu para o *Diário Nacional*, João Baptista de Castro foi taxativo: "Não são os estrangeiros senhores e distribuidores dos nossos produtos que irão conquistar, em nosso benefício, o alargamento do consumo para esses mesmos produtos, e sim nós, pelo nosso esforço próprio, realizando o princípio que manda produzir em boas condições, sabendo vender, não menos vantajosamente, quem produz".

Capítulo 10

Um homem da cidade e do campo

O meu avô amava fazer política, mas sempre para defender a terra, sua paixão maior. Foi fazendeiro em Minas Gerais, Rio de Janeiro, Espírito Santo e São Paulo. Promoveu um inquérito sobre o gado zebu e representou a Sociedade Nacional de Agricultura em vários congressos agrícolas. Esteve presente na inauguração oficial, ao lado, de Oliveira Belo, da Escola de Agricultura Luís de Queirós, em Piracicaba, interior do Estado de São Paulo.

Ainda nas fases iniciais da Era Republicana no Brasil, meu avô colaborou com Sérgio de Carvalho para a vinda do Dr. Hector Racquet – engenheiro agrônomo francês, natural de Gembloux –, para que este fundasse o posto zootécnico de São Paulo. Mais tarde , o doutor Racquet tornar-se-ia uma das figuras-

-chave da implantação do Ensino de Medicina Veterinária no Estado de São Paulo, o que se deu por meio de portaria baixada pelo Presidente do Estado de São Paulo, dr. Altino Arantes em 1927*.

Meu avô teve influência muito grande na área de laticínios do Vale do Paraíba, região-sede da Escola Paulista. Defendeu com afinco a escola dinamarquesa baseada nas cooperativas, mas infelizmente o dr. Eduardo Jacobina, figura proeminente em Taubaté, não conseguiu fazer vingar essa ideia cooperativista em um encontro de criadores ocorrido na cidade de Guaratinguetá (interior de São Paulo), prevalecendo o esquema de sociedade por quotas.

Atuando em São Paulo, lutou contra o Convênio de Taubaté – acordo firmado em 1906 entre os governadores de São Paulo, Minas e Rio de Janeiro – cujo objetivo era garantir um preço mínimo para o café, então o maior produto da economia brasileira. Contudo, graças ao controle que tinham da máquina pública, os produtores se utilizaram de recursos do Estado para garantir seus próprios lucros. "Evidentemente, na medida em que o país como um todo dependia do bom desempenho da economia cafeeira, o acordo, pelo me-

* Birgel, Eduardo Harry Dr. em "O ensino da Medicina Veterinária no Estado de São Paulo", p.3. http://www.apamvet.com/boletim06.pdf, acesso em 16/abr/2015.

nos em curto prazo, também serviu para garantir indicadores positivos para o Brasil. A longo prazo, porém, os efeitos do Convênio de Taubaté, que abriria uma sequência de políticas de valorização do café nos anos seguintes, foram nefastos ao país. A intervenção do Estado na economia, seu envolvimento em negócios particulares e a utilização de recursos públicos para manter artificialmente um setor em decadência só contribuíram para dar sobrevida ao ciclo do café, aumentar a dívida pública e impedir a diversificação da economia nacional.*"

Como se vê, meu avô mais uma vez estava certo. Ele sempre lutou conta todo tipo de valorizações artificiais que, dizia, só trariam sobrecargas de tributação encarecendo o produto, dificultando o consumo, abrindo brechas para os sucedâneos e sofisticações desnecessárias. Mas suas atitudes muitas vezes davam margem para polêmicas, como esta: "Ao mesmo tempo, incitava maiores culturas, que viriam a provocar desequilíbrios entre produção e consumo.**

---

* Angelo, Vitor Amorim de, "Convênio de Taubaté: Estado protege cafeicultores" http://educacao.uol.com.br/disciplinas/historia-brasil/convenio-de-taubate-estado-protege-cafeicultores.htm, acesso em 16/abr/2015.

** Breves, Aloysio Clemente M.I. de J.Breves em "História do café no Brasil Imperial". http://brevescafe.net/cornelio_mabel.htm, acesso em 14/abr/2015.

Aos setenta e nove anos, em 1928, desencantado com os republicanos, João Baptista de Castro alistou-se no Partido Democrático com o firme propósito de "regenerar a nossa República". Na mesma época, desentendeu-se com Dorliska e o filho Pedro (o outro, Luiz, faleceu ainda jovem, de pneumonia), e mudou-se para uma fazenda que tinha na região do Una (próximo a Taubaté), no interior de São Paulo. Mal chegou à região, foi designado para ser presidente do município de Aparecida do Norte (cargo que hoje seria o equivalente a prefeito). Entretanto não ficou muito no cargo devido a uma ferrenha oposição. Logo foi destituído por ser agnóstico e anticlerical.

Detalhe: com a vida pessoal tumultuada, ele costumava dizer que se "exilou" ali, local onde descobriu uma leguminosa forrageira cuja análise química atestou ser excelente para o alimento do gado. Os detalhes dessa descoberta estão em artigo assinado por ele na revista *Chácaras e Quintais*, uma publicação brasileira especializada em assuntos do campo.

Com a idade avançada, João Baptista começou a perder a visão devido a uma catarata e, como não tinha um secretário, sua leitura e escrita começaram a ficar prejudicadas. No entanto, três meses antes de perder totalmente a visão, escreveu uma carta para o meu pai citando textos em inglês, francês e até grego. Um intelectual de verdade!

Nessa sua fase final de vida, vivendo em sua propriedade no vale do Rio Una, na região de Taubaté, ele teve um terceiro relacionamento, com uma mulher bem mais jovem e descendente de alemães de Petrópolis, com quem teve mais cinco filhos, a última, Maria Aparecida, atualmente nonagenária, nascida quando ele já estava com oitenta anos.

Lembro vivamente das visitas do meu avô à chácara de tio Raul, em Quiririm, cercania de Taubaté, onde meus pais também costumavam se hospedar. Mesmo com idade avançada e dificuldades para se locomover ou enxergar, ele continuava sendo um homem elegante e altivo, inseparável da sua bengala de castão de ouro, chapéu coco, polainas e a corrente de ouro presa ao colete segurando um belo relógio suíço Patek Philippe para lhe dar a hora. Quando ele foi submeter-se à cirurgia da catarata, ficou hospedado em nossa casa, então na rua José Maria Lisboa, no bairro dos Jardins, em São Paulo. Nunca foi dado a contatos físicos. Quando eu ia ajudá-lo, ele se retesava. Não admitia que alguém duvidasse do que ele dissesse, não se podia questioná-lo. Era preciso gostar dele à sua maneira, sempre formal e distante.

Aos noventa e cinco anos, já bem debilitado, meu avô foi internado na Santa Casa de Taubaté para tratamento da saúde, mas não sobreviveu. Faleceu em 1º de maio de 1944. Logo a seguir o jornal *O Paraíba*, de

Guaratinguetá (SP), imprimia assim sua nota de falecimento, assinada por Ferreira Júnior:

Sempre se disse que a morte é pretexto para o realce de qualidades tantas vezes injustificáveis. Entretanto, há exceções que infundem respeito, em que só ela, a morte, desvenda fatos admiráveis até então embaciados por uma acentuada modéstia. Assim a vida do sr. Dr. João Baptista de Castro. A própria notícia do seu passamento em Taubaté, há já alguns dias, só hoje chegou ao nosso conhecimento, calando-nos fundo na alma e, por certo, surpreenderá a todos quantos tiveram o contato de tão devotado amigo e conselheiro que valia pelo que pesava no apuro das faculdades morais e intelectuais e, sobretudo no retempero das energias dos que admiravam a verticalidade de suas atitudes claras. E não havia mesmo definição mais justa de sua personalidade do que a que sempre se ouvia: - o velho João Baptista de Castro é um caráter.

Nem mesmo os noventa e cinco anos que lhe tocavam no remate das cãs conseguiram dobrá-lo à condição de um velho de aspecto venerando. Antes, porém, era assim mais simpático. Mais ereto que um jovem no fulgor de seus vinte anos, tinha um olhar vivo e penetrante como da águia real a sulcar os horizontes das grandes concepções de espírito. Passos firmes e uma contextura invejável que lhe permitia vencer jorna-

das extraordinárias, era o homem talhado ainda para a liça.

Formado com inexcedível brilho pela Universidade de Gand na Bélgica regressara à sua pátria e aqui a sua longa trajetória encerra o que se pode contar de mais útil e proveitoso no interesse coletivo. Foi um notável cooperativista. Ocupou cargos de relevante projeção no cenário nacional e em todos se revelou pela competência, pela firmeza de suas convicções, pelo esplendor da consciência moral de todos os seus atos, mantendo para tudo a franqueza característica, o riso para os ardis e o sorriso de ternura para os que se faziam dignos da sua amizade.

Desiludido dos homens, preferiu o remanso de sua fazenda no município de Taubaté, onde terminou os últimos dias de uma preciosa existência cujos detalhes ficam como penachos luminosos inspirando os homens de boa vontade.

Capítulo 11

Da serra fluminense ao planalto paulista

Meus pais, Celina de Campos Negreiros e João Baptista de Castro Júnior casaram-se em março de 1903 no Outeiro da Glória, no Rio de Janeiro – então a capital federal –, local onde se realizavam os casamentos dos descendentes da monarquia e de grande parte da elite brasileira. Até o seu nome oficial é imponente: Imperial Igreja de Nossa Senhora da Glória do Outeiro. Um lugar lindo que registrou cerimônias cheias de pompa e muito bonitas ao longo da sua história. Cheguei a assistir a um casamento ali, e sempre gostei de imaginar como deve ter sido o enlace dos meus pais.

Vim ao mundo na veranesca cidade de Petrópolis às 7 horas da manhã em 12 de fevereiro de 1921. Descendente de duas famílias antigas e de tradição, meus pais tiveram oito filhos, todos saudáveis graças a Deus, pela ordem, João Baptista de Castro Neto, Renato Batista de Castro, Maria Izabel Negreiros de Castro, Gilda Negreiros de Castro, Léa Negreiros de Castro, eu - Heloisa Negreiros de Castro — e, por fim, Armando Baptista de Castro.

O caçula infelizmente aos oito meses faleceu porque contraiu difteria de uma babá. Eu infelizmente tinha apenas dois anos de idade e não acompanhei todo o sofrimento de meus pais. Horrível sim foi a perda de um querido irmão, João, que suicidou-se por causa de um drama conjugal. Nem gosto de me lembrar de todo o sofrimento por que passamos, principalmente minha querida mãe.

Depois que se casou, meu pai buscou seguir administrando sua fazenda, mas a minha mãe, carioca, não se acostumou à vida no campo. Eles tentaram morar um tempo em Petrópolis, mas meu pai não se deu bem em suas tentativas de atuar na política local. O jeito foi trabalhar como delegado no Ministério da Agricultura.

Cursei o primário no Palace Castro, na época da minha infância alugado por uma escola, e lembro-me com especial carinho da minha primeira professora, a dona Gondinha. Depois estudei no Liceu Plínio Leite, também em Petrópolis. Até o ginásio, os professores eram muito rigorosos e competentes, principalmente as professoras de francês. Lá em casa, meus pais sempre fizeram questão que todos os filhos aprendessem cedo e tivessem bom domínio de inglês e francês.

CAPÍTULO 12

Uma das pioneiras do trabalho feminino

Quando eu tinha treze anos, meu pai, João Baptista de Castro Júnior, foi transferido para trabalhar no Ministério da Agricultura, em São Paulo. Inicialmente fomos morar na alameda Franca. Fui matriculada no Colégio Álvares Penteado, próximo ao centro da cidade.

Em 1938, aos dezoito anos, graças aos bons conhecimentos que tinha de inglês, comecei a trabalhar, o que fez de mim uma pioneira, porque nessa época, a maioria das mulheres brasileiras se restringia às tarefas do lar. Meu ingresso no mercado de trabalho se deu por meio de meu irmão Jorge, que trabalhava como gerente numa exportadora de café e algodão. A certa altura eles passaram a precisar de alguém que cuidasse da correspondência com o exterior, Jorge me indicou e fui contratada.

Fui a primeira mulher Castro a construir uma carreira fora do lar. Eu estudava pela manhã no Álvares Penteado e tinha uma excelente professora de francês lá, o que me capacitou para a função naquela empresa. Meu irmão vinha almoçar em casa e depois me dava carona em seu carro até o trabalho.

Na época, as poucas mulheres profissionais arrumavam-se elegantemente, e eu seguia a regra, indo para o trabalho vestida de forma impecável, o que incluía chapéu (uso chapéu até hoje), luvas, brincos e pulseira de ouro. Minha função era redigir e datilografar e o salário era de 30 mil réis (grafava-se assim: R$ 30$000). Havia as moedas de 1 mil réis cunhadas em bronze-alumínio. Na frente, elas traziam a efígie do Padre José de Anchieta, de perfil, com seu nome escrito na vertical e, atrás, a imagem de um livro aberto e o seu valor por extenso.

Ao receber meu primeiro ordenado, fiquei tão entusiasmada que fui até a Tecelagem Francesa, que ficava na rua Direita, comprei um corte de tecido francês e mandei fazer um vestido (não sei se paguei em duas vezes). E decidi continuar trabalhando.

Eu cumpria minha jornada todos os dias, enquanto as minhas irmãs, muito habilidosas, ficavam em casa, bordando seus próprios enxovais. Não era costume comprar nada pronto. Uma delas, a Gilda, chegou a ficar muito famosa devido ao seu talento natural com o corte e a costura. Era assim que elas e as amigas iam vivendo até se casarem.

Depois da empresa exportadora, arrumei um emprego de escriturária na Faculdade de Odontologia, no bairro do Bom Retiro, o que foi uma excelente experiência. Sempre gostei de estudar, lia muito e queria crescer, construir uma carreira. Fui também bastante iluminada por Deus, pois ao prestar concurso para o Instituto Nacional dos Comerciários de São Paulo, fui classificada em 13º lugar, dada a minha agilidade na datilografia. O curioso é que não fiquei nervosa na hora desse teste prático simplesmente por não saber que estavam contando o tempo. E foi uma felicidade e tanto ver meu nome estampado na lista dos aprovados publicada no *Diário Oficial*.

Comecei a trabalhar no Instituto Nacional dos Comerciários de São Paulo, na rua XV de Novembro, no coração da cidade, cujo presidente na época era dr. Waldemar Teixeira de Carvalho. Minha função era despachar as pastas do departamento jurídico. Cheguei para ajudar a Ruth, moça de quem fiquei bastante amiga, mas que era muito descansada. Ela não se apressava e as pastas se acumulavam. Mas assim que ela saiu de férias, acabei com as enormes pilhas de processos aguardando para ser despachados e, em trinta dias, deixei tudo em dia.

A situação era tradicionalmente tão dramática para os comerciários que, lembro até hoje de ter atendido um homem que, querendo saber da situação do seu processo, me ofereceu, discretamente, uma moeda grande de 400 réis embrulhada num lenço para eu acelerar as coisas. Eu recusei, claro, e em pouco tempo o assunto dele estava resolvido. Trabalhei ali até 1946, quando graças à sorte de contar com boas relações familiares, pude seguir tendo acesso a trabalhos que cada vez mais exigiam de mim.

Foi o caso do meu ingresso no Banco do Brasil, em 1946, bem numa fase em que essa autarquia não estava mais contratando moças. Tínhamos parentesco com a família do Comendador Antonio Januzzi – arquiteto italiano responsável por grandes obras no Rio de Janeiro, como a Avenida Central (hoje avenida Rio Branco), em Petrópolis (Palácio Fadel), Niterói e Valença. A minha prima Gilberta Januzzi (que posteriormente se transformou em renomada decoradora), era casada com o filho de um dos Conselheiros do Ministério da Fazenda. Ela pediu para o marido interceder junto ao pai em meu nome, a indicação funcionou, e acabei sendo nomeada para trabalhar no Banco Brasil, sem a necessidade de prestar concurso, já desde então obrigatório.

Comecei no Banco do Brasil ganhando o dobro do que no Instituto dos Comerciários Eu tinha muita instrução, no entanto fui trabalhar no setor de telegramas, como telefonista. Nós, as telefonistas, colocávamos no ouvido uma máquina que tinha um cilindro e gravava todas as ligações das agências pedindo dinheiro. Essas agências forneciam uma sigla que era apenas decifrada pelo nosso chefe. Feitas as gravações, nós acoplávamos esse cilindro a umas máquinas de datilografar especiais (parecidas com um aparelho de telex) e íamos passando as papeletas. Era um trabalho intenso, de muita responsabilidade, mas agradável.

Meus pais, na década de 50 / Foto de autor desconhecido, pertencente ao acervo da autora

Capítulo 13

Parte da história do Banco Central

Eu seguia trabalhando como telefonista no Banco do Brasil quando meu irmão, o mais velho - João Baptista de Castro Neto -, que tinha excelentes relações dentro do grupo que criou a SUMOC – Superintendência da Moeda e do Crédito, a autoridade monetária anterior e verdadeiro embrião do Banco Central do Brasil. Novamente meu irmão João, conhecedor de minha experiência e capacidade para exercício do cargo, conseguiu minha nomeação como primeira secretária-executiva daquela entidade em São Paulo, integrada por 33 inspetores de Bancos e Mercados de Capital.

Participei, no total, como membro efetivo, de 1954 a 1975, de treze Comissões de Inquérito para apurar responsabilidades de diretores de estabelecimentos bancários. Em 1967, fui requisitada pela Comissão Coordenadora Brasileira da FINCOSTAFF para integrar a equipe de produção da 22ª Reunião do Fundo Monetário Internacional que aconteceu entre os dias 25 a 29 de setembro de 1967 no Rio de Janeiro, com a participação do Banco Mundial, entidades filiadas e respectivos Presidentes dos Bancos Centrais. Esse encontro aconteceu na sede do Museu de Arte Moderna construído no Flamengo, de onde se via toda a beleza da Baía da Guanabara, que os estrangeiros não se cansavam de elogiar.

Trabalhar nesse encontro foi um aprendizado importante para mim e o ápice da minha carreira! Havia gente de países e línguas as mais variadas, a diversidade cultural era grande.

Os encontros do Fundo Monetário Internacional são bienais. E, dois anos depois, participei, como ouvinte, do 23ª Reunião desse órgão, dessa vez em Washington, repetindo a experiência em 1969, também em Washington.

Da primeira vez, fiquei hospedada no belo apartamento do casal Maria Luiza e Edward Ferriday que conheci a bordo do navio Moore-McCormack, num edifício onde vivia também minha cara xará Heloísa Dunshees de Abrantes, que também participou da reunião do Fundo Monetário Internacional. Heloísa era casada com o famoso doutor Albert Sabin, o inventor da vacina de prevenção à poliomielite e convidou-me para um jantar em seu apartamento. Aproveitamos para conversar bastante enquanto ela carinhosamente preparava o jantar, regado com uma taça de vinho francês.

Meu chefe era um amor, mas eu tomava para mim a responsabilidade da organização e resultados, e por isso era rígida, considerada “linha dura”. É preciso mais austeridade. Nunca entendi essa coisa de beijinhos pra cá e beijinhos pra lá, isso não é trabalhar e não leva a nada, apenas facilita o assédio sexual. Por isso tenho observado em alguns programas de rádio e televisão, que a mulher em nossos país vem se vulgarizando. Mas eu acredito que ao lado de um grande homem sempre haverá uma grande mulher.

Para aliviar o trabalho intenso, meus finais de semana eram de total relaxamento. Relembro com alegria os fins de semana que passei, no Clube de Campo de São Paulo desde 1939, ano de sua fundação. Primeiramente, como dependente de meu tio Álvaro Moreira de Araújo, diretor-secretário por dois mandatos. Mais tarde como membro efetivo, quando vendi meu titulo do Clube Atlético Paulistano e adquiri um titulo de sócia familiar (por sorte de numero 15). Ele era um clube completo: tinha uma bela piscina, quadras de tênis, campo de golfe, equitação etc., além dos saraus, jantares e eventos que justificavam amplamente nossos deslocamentos de 30 a 45 e minutos até o clube, situado na beira da Represa de Guarapiranga. E ainda com chalés que podiam ser alugados ou adquiridos pelos os sócios.

No Clube de Campo de São Paulo entusiasmei-me com o *bridge*. Iniciei o aprendizado com Luiz de La Nina e, mais tarde, com o campeão paulista João Paulo Cunha. Foi assim que fizemos novas amizades e iniciamos um grupo aficionado por esse jogo, cujos integrantes convidavam e retribuíam chás e jantares para os encontros dos campeonatos. O badalado casal Isabel e Antônio Galvão volta e meia convidava parceiros para duas mesas a bordo de seu *motor-home* até a linda fazenda que possuía em Ribeirão Preto. Nora e Licínio Machado, Dirce e Arlindo Conde, chegaram a levar parceiros em feriados prolongados em avião fretado até suas belas propriedades. O *bridge* foi a minha segunda paixão: estudei e pratiquei muito, cheguei a tomar aulas diárias pelo computador (programa *Ok Bridge*). Evoluí até um bom nível (*advanced level*), contudo, infelizmente devido a minha deficiência visual (glaucoma), não pude continuar. Foi uma época de ouro em minha vida que curti com intenso prazer.

Em 1975 eu era membro-relator de uma comissão de inquérito, cujo presidente era um advogado novato e sem expressão. Eu não me sentia bem sob sua orientação e, ao invés de aguardar mais três anos, numa decisão precipitada, aposentei-me no BACEN – Banco

Central do Brasil . Mesmo tendo conhecimento de uma circular expedida pelo Banco Central aconselhando, nesses casos, continuar fazendo uma contribuição equivalente a R$ 300,00 por mês, assinei irrevogavelmente o meu desligamento do BACEN, retornando aos quadros do Banco do Brasil S.A. Foi naturalmente um ato impensado porque, apesar de todos me considerarem como "a vovozinha do Banco Central", fiquei prejudicada em meus vencimentos. Anos depois eu recorri, mas sem resultado.

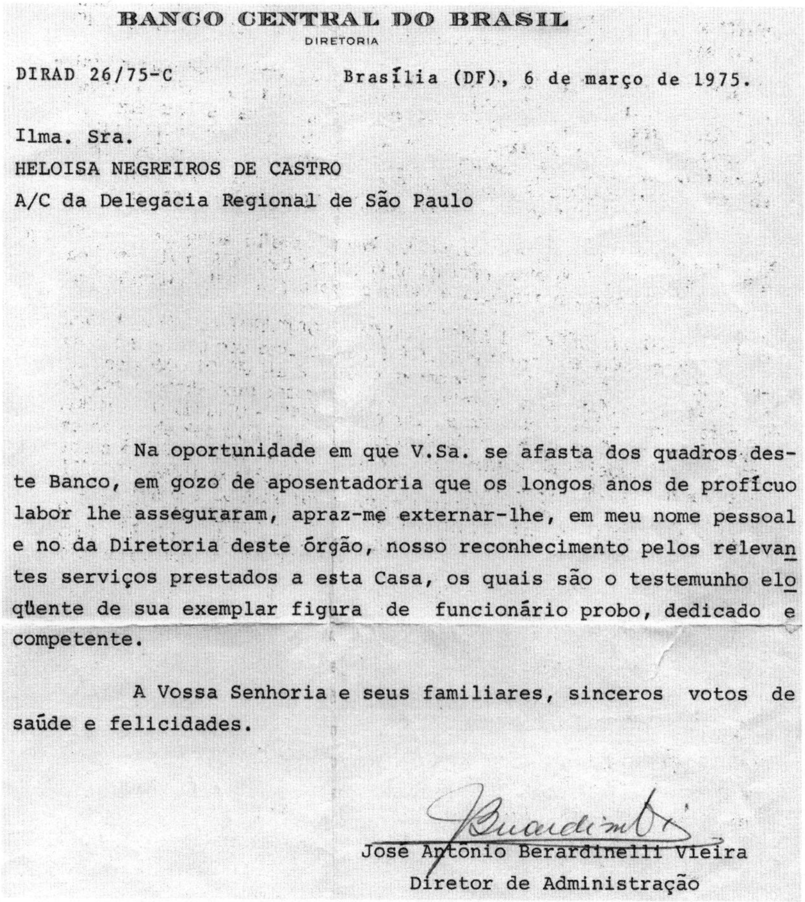

BANCO CENTRAL DO BRASIL
DIRETORIA

DIRAD 26/75-C Brasília (DF), 6 de março de 1975.

Ilma. Sra.
HELOISA NEGREIROS DE CASTRO
A/C da Delegacia Regional de São Paulo

Na oportunidade em que V.Sa. se afasta dos quadros deste Banco, em gozo de aposentadoria que os longos anos de profícuo labor lhe asseguraram, apraz-me externar-lhe, em meu nome pessoal e no da Diretoria deste órgão, nosso reconhecimento pelos relevantes serviços prestados a esta Casa, os quais são o testemunho eloqüente de sua exemplar figura de funcionário probo, dedicado e competente.

A Vossa Senhoria e seus familiares, sinceros votos de saúde e felicidades.

José Antônio Berardinelli Vieira
Diretor de Administração

Carta de aposentadoria do Banco Central do Brasil / Foto de Flávio Clemente - Foto & Arte

Na cerimônia de comemoração dos 100 anos da PREVI - Caixa de Previdência dos Funcionários do Banco do Brasil / Foto de autor desconhecido, pertencente ao acervo da autora

Capítulo 14

Vida pessoal

Aos dezoito anos sofri um pequeno acidente na piscina do Paulistano, que foi na realidade o pivô de minha não realização na vida sentimental. No exato momento em que eu ia mergulhar, minha irmã Leia me chamou. Olhei para trás rapidamente e, como já tinha dado o impulso, caí na água de forma desajeitada. Bati o rosto em cheio no fundo e ouvi o ruído característico do nariz se quebrando. Levantei-me depressa e, pela expressão de minha irmã e outros nadadores, compreendi que ele estava deformado. Todos vieram me acudir e um rapaz amigo, procurando me consolar, disse que conhecia um especialista. Minha irmã tomou nota do endereço do médico, de grande renome na cirurgia plástica no Brasil. Rapidamente fomos para o vestiário. Eu ainda meio tonta e muito preocupada, insisti em irmos de táxi para casa, para logo fazer compressas de gelo como recomendado.

Minha irmã telefonou para nossa tia Hilda, e esta prontamente nos levou em seu carro até o tal médico. Ele nos recebeu pressurosamente e, depois de um rápido exame, garantiu que, pela sua prática, não seria necessário fazer radiografia. Segundo ele, o meu nariz estava quebrado na base e precisaria ser operado na manhã seguinte. Naquela época as senhoras casadas costumavam usar um solitário no dedo anular. Certamente o médico, ofuscado pelo tamanho do diamante de minha tia, queria a todo curso me operar ...

Não conformada, tia Hilda resolveu me levar na mesma hora ao otorrino de sua confiança. Ele tirou uma radiografia e comprovou que o nariz não havia se quebrado na base, e sim fraturado o seu dorso. Mandou que eu ficasse de repouso durante três dias fazendo compressa de gelo sem parar. Ao final dos três dias voltamos ao seu consultório e ele disse que estava tudo bem, apenas o meu nariz havia ganho uma saliência, ficando mais proeminente na parte alta e que Deus haveria de me ajudar. Saímos felizes do seu consultório, mas minha querida mãe ainda estava preocupada.

Com o tempo, e na vaidade de meus dezoito anos, passei a me sentir complexada. Aquela deformação passou a ser uma ideia fixa. Pedia a Nossa Senhora que me desse uma solução para o impasse. O tempo foi passando e, como eu já trabalhava, comecei a juntar dinheiro, sempre com a ideia de operar-me.

Uns dez anos mais tarde, já com uma poupança considerável - e desobedecendo totalmente a meus pais -, voltei ao consultório do cirurgião plástico e ele me garantiu que a cirurgia seria capaz de me deixar formosa e bela. Marquei a malfadada operação com anestesia local, e fui acompanhada de Francisco, o irmão recém-formado em medicina de minha cunhada Silvia.

Estava consciente, mas não senti nenhuma dor, mesmo quando ele usou martelo e bisturi, demonstrando para o meu acompanhante que o meu nariz estava completamente solto e balançava de um lado para o outro. Finda a cirurgia, ele colocou dois tampões em minhas narinas, cobriu todo o nariz com gesso, e em seguida me fez assinar um cheque referente à metade do valor do procedimento, o equivalente a uns R$ 5 mil em valores de hoje. Recomendou uma dieta à base de carne ou frango, mas tudo bem triturado.

Nem preciso dizer que dei um susto grande em minha pobre mãe ao chegar com todo aquele gesso na cara. Ela ficou tão desnorteada que demorou em preparar o meu almoço. Seu desconcerto piorou quando comecei a ter uma hemorragia nasal impressionante, era um sangue grosso. Francisco, o meu acompanhante imediatamente telefonou para o doutor, que mandou tomar um copo de leite morno e uma injeção de antibiótico. Eu já havia ensopado duas toalhas de rosto, mas curiosamente no momento em que comecei beber o leite, a hemorragia cessou de forma milagrosa. Contudo, o meu aspecto era deplorável: toda suja de sangue, abatida, olheiras profundas. Com as horas, apesar do gesso, os tampões se expandiram em minhas narinas e eu pensei que ia morrer. Rezava sem parar. Dez dias depois, quando retornamos ao consultório para tirar o gesso, minha pobre mãe e eu levamos outro choque. Quando me levantei para olhar no espelho, minhas pernas bambearam e pensei que ia desmaiar: o meu nariz não tinha ponta. Parecia mais um nariz de cão pequinês, e pior, ligeiramente virado para o lado esquerdo. Fiquei extremamente nervosa, mas o médico se mostrou tranquilo, garantindo que ficaria uma beleza assim que desinchasse.

Exigi que me colocasse uma gaze para ter coragem de sair dali até em casa. Ao me ver, minha cunhada se assustou e foi infeliz ao dizer que eu estava com cara de anormal. Fiquei deprimida, me fechei em casa sem vontade de aparecer para ninguém. Mas depois de umas férias, abracei o meu trabalho na SUMOC com o maior afinco e dedicação. Durante meses usei um *band-aid* para poder ter coragem de conversar com as pessoas.

O tempo foi passando e o meu drama interno se arrastando até que, certo dia, cruzei por acaso com o tal doutor na porta do prédio onde trabalhava, e ele teve a coragem de dizer que não tinha movido uma a ação contra mim para receber a outra metade de seu trabalho, querendo se mostrar magnânimo. Sem muito pensar, respondi firmemente que, pelo contrario, quem deveria ter movido uma ação era eu, afinal o motivo estava em minha cara.

Nas férias seguintes, depois de ter passado vinte dias numa estação de águas, fui para o Rio de Janeiro, quando a minha prima Gilberta levou-me ao consultório do doutor Pitanguy, promissor cirurgião plástico em seu primeiro ano de ofício da belíssima carreira que construiu. Levei fotografias de antes e pós-operação, mas ele desiludiu-me ao dizer que nariz operado era um nariz traumatizado. Caso ele tivesse me atendido logo após o acidente, o resultado seria perfeito, mas depois da malfadada operação, ele não poderia garantir o resultado.

Assim o tempo foi passando, o inchaço de meu nariz melhorando porque todas as noites, antes de me deitar, fazia massagem durante meia hora com uma pomada homeopáticade nome *cyrtiopodium*, indicada pelo doutor Pitanguy para cicatrizar, até que, em 1967, fui trabalhar na Reunião do Fundo Monetário Internacional no Rio de Janeiro. Lá ganhei novas esperanças ao ver uma sobrinha que tinha um nariz de Pinóquio agora ostentar um nariz perfeito depois de uma cirurgia. Consultei uns três médicos, até que me decidi pelo doutor Antonio Fabrini, que havia sido assistente do doutor Pitanguy e estava fazendo o maior sucesso. Segundo esse cirurgião, seria preciso enxertar tudo que o outro havia tirado: septo, sub-septo e cartilagem alar. Explicou que não usava silicone, e sim cartilagem humana extraída e implantada em até 48 horas. E para provar que o procedimento funcionava bem, Fabrini mandou chamar um dos seus assistentes, um rapagão bonito, bela dentadura e um nariz perfeito chamado doutor Wagner, que ele próprio havia operado. Segundo o doutor Fabrini, o silicone utilizado na época não durava mais do que três anos, sendo preciso refazer o procedimento. E o enxerto do doutor Wagner, realizado há mais de sete anos estava perfeito. Claro que fiquei entusiasmada, marquei a operação e rezei muito.

Que diferença! Tudo correu às mil maravilhas e, no fim de dez dias, compareci cedo à clinica onde havia sido operada e, logo que retiraram o gesso, fui para o espelho e, abraçada com minha irmã Leia, chorei de emoção. Pedi para ver e agradecer pessoalmente ao doutor Fabrini. Precisei esperar um pouco na antessala do centro cirúrgico, até que ele apareceu sorridente. Por trás do vidro que nos separava, eu o agradeci de longe, chorando e dizendo que beijava-lhe as mãos. Foi um renascer!

Na Bahia, em 1964, em um congresso nacional de bancos. Sou a terceira a partir da esquerda / Foto de autor desconhecido, pertencente ao acervo da autora

Em 1958, trabalhando no SUMOC, embrião do Banco Central do Brasil - a única mulher entre trinta e três homens / Foto de autor desconhecido, pertencente ao acervo da autora

Capítulo 15

Exercendo a cidadania

Sempre fiz questão de atuar como cidadã pelo meu país. Sou membro do MAF – Movimento de Arregimentação Feminina, da União Cívica Feminina ligada ao Movimento de Renovação Política (comandada pelo dr. Paulo Zingg) e da Federação Brasileira de Amigos de Museus. Sou conselheira da Associação de Mulheres de Negócios e Profissionais de São Paulo e também 2ª Vice-Presidente da AJEB - Associação de Jornalistas e Escritoras do Brasil, tendo publicado contos e crônicas em várias de suas antologias. Era também frequentadora assídua dos cursos e eventos do CIEE, onde eram organizadas as reuniões das Mulheres da Verdade, além de alguns eventos na Academia Paulista de Letras, estando inclusive presente na noite de sua reabertura.

Escrevi também monografia para o Projeto Memória do BACEN, intitulada "De SUMOC a Banco Central do Brasil" (aliás, tenho a maior satisfação dela estar arquivada lá em Brasília, junto a outros trabalhos de memória do Banco Central do Brasil). Ao encerrar incluí o lindo poema de Cora Coralina.

O tempo muito ensina
Ensina a amar a vida
Não desistir da luta.
Recomeçar na derrota.
Renunciar a palavra de pensamentos negativos.
[...]

CORA CORALINA *

Sou Coordenadora Presidente da ONG Frente Feminina de Reconstrução Nacional (Operárias da Reconstrução), por minha amizade e admiração por dona Leda Collor de Mello, mãe extremada de dois filhos, Fernando e Leopoldo. Em estado de total depressão, ela foi internada por eles por dois anos no hospital

* Extraído do poema "Aos moços", Coralina, Cora. *Vintém de cobre*: meias confissões de Aninha. São Paulo: Global, 2001.
O poema inteiro pode ser visto em: http://www.sbu.unicamp.br/lendoletras/index.php/textos/14-cora-coralina, acesso em 20/ago/2015.

Albert Einstein. Fiquei tão impressionada que pedi à família permissão para levar o padre Eduardo Dougart para dar-lhe uma benção de cura. O padre Eduardo, segurando em sua mão esquerda, deu-lhe a prometida benção, enquanto eu segurava a sua mão direita. Mas nada adiantou. Fiquei muito triste quando o seu médico diagnosticou que ela assim se encontrava porque não desejava mais viver. Continuo rezando por ela e tenho certeza que já esteja gozando da plenitude eterna.

Sou também membro da Comissão do Centenário de Nascimento de Lindolpho Collor, em preparação à criação da Fundação que homenageia o nosso primeiro Ministro do Trabalho. Sou também Conselheira da Cruzada Pró-Infância, e faço parte da Comissão de Idosos do Mulheres da Verdade, da OAB – Ordem dos Advogados do Brasil.

Outras ações de cidadania

Participei como coordenadora presidente da primeira ONG do Brasil de duas semanas da cidadania, realizadas na marquise do parque do Ibirapuera, em dois anos consecutivos. Na primeira, consegui a participação de minha particular amiga e primeira senadora paulista Dulce Salles Cunha Braga, que foi concorrida.

Na segunda, logo após o *impeachment* do presidente Collor, afixei muitos cartazes que chamaram

Dia Internacional da Mulher - Mulheres da Verdade - OAB-SP / Foto de autor desconhecido, pertencente ao acervo da autora

bastante a atenção, além de um aparelho de TV cedido graciosamente pelo Bradesco que intermitentemente transmitia um vídeo do CEMPLAFAM – Confederação Nacional de Planejamento Natural da Família – sobre o método Billings de planejamento familiar (natural e baseado na observação do muco vaginal nos dias férteis). Esse evento foi um sucesso, superlotou o espaço e tive de mandar colocar cadeiras avulsas no corredor para acomodar melhor tantas pessoas interessadas no assunto. Advogados e promotores da OAB-SP, que ocuparam o estande da frente, aplaudiram calorosamente esta minha iniciativa.

Em seguida tive a grata surpresa de ter sido mencionada no Dia Internacional da Mulher, durante sessão realizada na Câmara dos Deputados, no Ibirapuera. Fiquei tão emocionada ao receber um lindo buquê de flores que, com a voz embargada, mal pude balbuciar o meu agradecimento. Ao final da sessão fomos convidadas para um almoço ao qual, infelizmente, não pude comparecer. Fazia frio e eu estava indisposta, com sintomas de gripe.

Sempre pensando em servir à Pátria, em 1989, entusiasmada pela candidatura do presidente Collor, de forma precipitada eu me candidatei a deputada federal pelo PRN – Partido de Reconstrução Nacional, mas a minha candidatura não vingou.

Fiz o curso da ADESG – Associação dos Diplomados da Escola Superior de Guerra em 1984 e, em seguida, o de Relações Internacionais na ESG do Rio de Janeiro e participei do seu XXV Ciclo de Estudos no Rio de Janeiro, e também do Ciclo de Estudos de Ciência e Tecnologia em São Paulo. Quando conclui o curso da ADESG, preenchi um *curriculum* para trabalhar no Banco Mundial. Foi quando me apareceram os primeiros sintomas do glaucoma, então precisei desistir.

Viagem ecumênica à Terra Santa

Eu não poderia deixar de relatar neste livro a realização de um sonho: a viagem à Terra Santa, em 1967. Encontrava-me nos Estados Unidos hospedada em casa de Famie Perkinson, no Brooklin, quando ela inesperadamente me convidou a integrar um grupo de amigos dela que partiriam nos próximos dias para a Terra Santa, pelo preço módico de U$ 1 mil por pessoa, num roteiro que incluía hospedagem em hotéis de primeira categoria. Uma pechincha! É claro que, prazerosamente, aderi.

Como Famie anteriormente já havia marcado sua companheira de quarto, a mim foi destinada Uarda Black Ckhm, uma jovem mórmon, casada, residente em Utah e criadora de perus da raça mamouth, e nos demos muito bem. Lembrei-me de um livro de viagens do escritor francês Pierre Loti, em que ele mencionava que os mórmons tinham permissão de ter uma esposa para cada dia da semana. Perguntei-lhe a respeito, e Uarda então contou-me que a legislação norte-americana não permitia a poligamia. Mas que, apesar da proibição, ela soube de um caso de mórmon idoso que não obedecia, e volta e meia ia para cadeia. De volta a Utah, essa nova amiga me escreveu anexando um recorte de jornal em que relatava a grande experiência daquela viagem e agradecendo a sorte que tivera em ter me conhecido.

No grupo, eu era a única católica apostólica romana. Famie era cristã protestante, havia pessoas de outras tendências e nomenclaturas, além de um senhor judeu que, posteriormente, escreveu um livro chamado *Fantastic Victory,* em que relatava a nossa excursão e explicava como o seu povo prevê que toda a humanidade, um dia, reconhecerá Jesus como o prometido Messias e nosso Salvador. Segundo esse senhor, se não fosse pelos judeus ortodoxos - aqueles que usam chapéu e cabelos cacheados, Israel já teria dado o braço a torcer e reconhecido oficialmente que Jesus é o prometido Messias.

O programa da excursão incluía, diariamente após o desjejum, uma visita às diversas igrejas e locais de adoração. Todos os dias pela manhã, ao entrarmos no ônibus, éramos identificado pelo guia local, cada um dos membros do grupo fazia uma rápida saudação e, em seguida, o guia descrevia o que íamos ver naquele dia.

Começamos pela Basílica da Anunciação, em Belém, construída no exato local em que o anjo Gabriel anunciou para Maria que ela seria a mãe do Salvador. Visitamos também o Muro das Lamentações onde são depositados pedidos e preces de fiéis do mundo inteiro.

Todos participavam de tudo e me acompanhavam - com muito respeito e de chapéus nas mãos, aos locais adorados pelos católicos como sendo aqueles em que Jesus ou Maria estiveram. Como por exemplo, a Via--Crúcis na sexta feira que lá passamos, em que o nosso grupo inteiro acompanhou uma multidão de fiéis - eu muito emocionada e chorando. O sacerdote rezava em diversos idiomas, indicando os locais sagrados em que devíamos ajoelhar, até o Gólgota (local de suplício) onde Jesus morreu por nós.

Em seguida, fomos levados a ver o túmulo cavado em uma rocha onde uma pedra enorme servia de porta, onde Jesus foi sepultado, exatamente como diz a Bíblia. Na Basílica do Santo Sepulcro há uma pedra bastante gasta que há 2 mil anos vem sendo tocada por todos nos fiéis que acreditam ter sido ali colocado o corpo inerte de Jesus.

Foi grande a minha emoção quando, ao conhecer o rio Jordão, ouvi o barulhinho da água cristalina no exato local em que João Batista batizou Jesus. No momento do batismo, uma pomba desceu do céu, pousou no ombro de João e todos ali presentes ouviram uma voz que dizia: "Eis meu filho muito amado em quem ponho a minha afeição".

Nossa excursão aconteceu exatamente durante a Guerra dos Seis Dias*, que tanto orgulhou o povo judaico. O mais pitoresco foi termos que cruzar a chamada "terra de ninguém" até chegar a Israel. Cada um de nós precisou carregar suas próprias malas na pequena distância de uma cerca de arame farpado que separava as áreas entre os solos judeu e palestino. Eram dias de pães ázimos, pouca luminosidade. Em Tel Aviv – a segunda maior cidade de Israel – observei que no topo de cada prédio havia um grande cilindro e, à sua frente, uma grande placa que parecia ser um espelho. Nosso guia explicou que aquilo era energia solar, e ainda brincou dizendo que nos dias de chuva as crianças não tomavam banho...

O guia local também mostrou-nos grande plantação de eucaliptos, dizendo que aquilo antes era área

---

* A Guerra dos Seis Dias, também conhecida como Guerra de 1967 ou Guerra de junho de 1967 ou ainda Terceira Guerra Árabe-Israelense, foi aquela em que Israel enfrentou a Síria, Egito, Jordânia e Iraque. Ocorreu entre 05 e 10 de junho de 1967, e foi a mais consistente resposta árabe à fundação do Estado de Israel, apesar do estado sionista ter saído como grande vencedor. http://www.infoescola.com/historia/guerra-dos-seis-dias/. Acesso em 11/jul/2015.

pantanosa, transformada pela tecnologia e a vontade férrea do povo judeu. Levou-nos também aos kibutz – comunidades que se dedicam a atividades agrícolas com meios de produção próprios. São propriedades coletivas com igualdade social, cujos produtos são distribuídos para a comunidade que prioriza a educação das crianças. Os jovens que as habitavam despediam-se completamente de todas as vaidades e festas que o mundo moderno da época lhes oferecia.

Tive a prova disso quando, antes de embarcamos em Miami (EUA), um casal argentino meu conhecido, pediu-me que levasse um pacote pequeno pacote com *recuerdos* da Argentina para a sua filha de vinte e poucos anos. Naturalmente aceitei, dando-lhes o dia e a hora que estaríamos jantando no hotel em Tel Aviv, segundo o roteiro de viagem. Na tal noite, para minha surpresa, apareceu no restaurante uma linda jovem, loira, de cabelos escorridos, vestida simplesmente, calçando tênis e com uma pequena mochila nas costas. Ela se identificou como a filha dos argentinos. Conversamos um pouco até que ela abriu o pacote na minha frente. Lá havia um batom estrangeiro. Sorrindo, a garota me explicou que tudo aquilo que a sua mãe apreciava, agora não tinha mais nenhum significado para ela.

Em outra viagem, em Washington, hospedei-me em um apartamento de alto padrão a convite de um casasl, ela brasileira, da família Mc Dowell Costa e ele, Waeduard Frey, que conheci numa viagem a bordo do SS Brasil, da Moore McCormack. Por uma feliz coincidência, soube que no mesmo prédio morava minha amiga Heloísa Dunshee de Abrantes, também brasileira, naquela época casada com o famoso cientista Albert Sabin, inventor da vacina contra a poliomielite. Fui também convidada a conhecê-lo; conversamos bastante e naturalmente contei-lhe todo o sofrimento que passamos quando minha querida amiga Maria Helena Soares de Souza contraiu o vírus da poliomielite. Logo depois Heloísa serviu-nos um delicioso jantar regado com um copo de vinho francês.

Capítulo 16

Orgulho dos antepassados

Sou descendente de uma linhagem bastante privilegiada. E acredito que tenha resumido todo o orgulho das minhas origens num discurso que fiz num seminário promovido pelas Mulheres de Negócios e Profissionais de São Paulo em 2 de junho de 1987. Dele, reproduzo a seguir alguns trechos:

Neste seminário idealizado e realizado pela Mulher, de problemática em que a mulher brasileira começa a tomar conhecimento e dedicado principalmente à mulher que principia a desvendar a dura realidade agrícola no Brasil, tenho permissão para lhes falar, rapidamente, apenas cinco minutos, sobre um homem de visão, um brasileiro ilustre, fazendeiro também, que soube honrar suas tradições e de quem tenho muito orgulho em descender: meu avô paterno.

João Baptista de Castro que fundou, em 1903, o Sindicato Central dos Agricultores do Brasil, sob o patrocínio da Sociedade Nacional de Agricultura, da qual também foi fundador em 1897.

É parte de nossa história, do trabalho de nossa gente, deste país continente que tanto amamos e desejamos ver progredir, crescer e tornar-se potência mundial já profetizada pelo Conde de Affonso Celso em seu livro Porque me ufano de meu país, *por Dom Bosco e outros mais que, com fé, perseverança e trabalho árduo nos incitam a lutar e vencer.*

Portanto é um dever e mais do que oportuno trazer ao conhecimento deste ciclo de estudos a experiência de outras gerações e o resultado alcançado por povos mais adiantados – no caso a França – que tem estreita relação com a atual conjuntura. Podemos imaginar as dificuldades por que passaram velhos fazendeiros e suas mulheres, nossas avós, bisavós e mesmo mães no início do século até a Primeira Guerra Mundial. Sérias 'crises' por que atravessaram, enfim mil e um problemas que não as fizeram esmorecer.

Hoje todas nós, principalmente as Mulheres de Negócios e Profissionais de São Paulo, aqui representadas em gênero e número cada vez maior, assumimos nosso papel de corresponsáveis pelos destinos do país e cabe conscientizar-nos e a nossos homens também da urgência do momento, das árduas tarefas que nos propo-

mos a enfrentar ao levantar a bandeira do vasto sistema sindical cooperativista, preconizado por meu avô como a única salvação para a agricultura capaz de produzir o desejado aquecimento de nossa economia. Constitui uma esperança, vale a pena tentar! Com a ajuda de um Deus que se costuma dizer 'é brasileiro' conseguiremos então ver, finalmente, este país respeitado e ocupando o espaço que merece entre as nações de um mundo melhor.

Voltando à nossa história, um clima de incertezas e preocupações em que o país mergulhou, naquele período de transição – o famoso pensamento de Ruy Barbosa traduzia a 'crise moral' que herdamos desafortunadamente:

> *"De tanto ver triunfar as nulidades, de tanto ver prosperar a desonra, de tanto ver agigantarem-se os poderes nas mãos dos maus, o homem chega a desanimar-se da virtude, a rir-se da honra e ter vergonha de ser honesto [...]" Ruy Barbosa.*

A economia incipiente quando tudo estava por fazer após a passagem do Brasil Colônia para República Federativa, o fechamento do Congresso em 1891, a queda do trabalho escravo que abalou a lavoura do café, os primeiros imigrantes etc. Foi nessa época que meu avô, mineiro de estirpe e tradição [...] entusiasmado com artigo publicado em semanário francês sobre os esplêndidos resultados que o corporativismo vi-

nha alcançando na França, [...] pôs-se à luta e imbuído de todo o seu idealismo, conseguiu junto ao presidente Rodrigues Alves a promulgação da Lei Federal que tomou o número 979, de 3 de janeiro de 1903 e fundou, em seguida, o primeiro sindicato do Brasil sob o lema 'Unidos seremos fortes', que foi constituído por outros brasileiros ilustres, como sua Excelência o sr. Visconde de Ouro Preto, ex-ministro das Finanças do Império, a quem convidou para presidente.

Foi assim que o Manual, em sua sexta edição, em 1904, tal o sucesso alcançado, ostenta como introdução as belíssimas cartas dirigidas por meu avô ao Conde Affonso Celso, seu primo, e a resposta, cujos termos – por toda a sua beleza e grandiosidade – tenho a satisfação de ler para conhecimento deste distinto auditório.*

Carta do meu avô para o Conde (impressa em papel com o timbre do Sindicato Central dos Agricultores do Brasil):

---

* Affonso Celso de Assis Figueiredo Júnior, mais conhecido como Conde Affonso Celso, nasceu em Ouro Preto, Minas Gerais, em 31 de março de 1860. Seus pais foram o Visconde de Ouro Preto e D. Francisca de Paula Martins de Toledo. *Jornal de Petrópolis* - 17/01/2003 Ano 5 - n. 319 - http://www.ihp.org.br/lib_ihp/docs/jfan20030106.htm, acesso em 16/abr/2015.

"Com a tua generosidade e boa amizade me tens animado na propaganda que empreendi em prol dos interesses econômicos da nossa Pátria, essencialmente na agricultura.

Assim é que, mais de uma vez, me tens repetido: que valeria a pena selecionar os meus escritos, traduções e originais, a fim de corporificá-los metodicamente em livros, evitando dessa arte a dispersão e esquecimento de muita coisa digna de interesse.

Atribuo a essa mesma amizade que tanto prezo, atém do parentesco que nos une, tamanha indulgência para esses meus trabalhos de propaganda, ora tratando de uma questão, ora de outra, conforme as ocasiões se vão desenrolando nos assuntos de atualidade; mas firme e invulnerável na sustentação dos bons princípios que formam a escola abraçada, e dos quais não se pode nunca afastar.

Era latente nos meus sentimentos o que caracteriza a cooperação e a mutualidade. Logo após o advento da República, convocamos um Congresso Agrícola, o qual foi bastante concorrido, sob a presidência do Dr. Francisco Portella. Em seguida, constituímos uma associação agrícola da qual fui tesoureiro: o comendador Domingos Theodoro d'Azevedo Junior, presidente, e outros cavalheiros mais, inclusive o Dr. Pedro Gordilho Paes Leme, tendo sido adotada a seguinte divisa: 'Unidos seremos fortes'; duas mãos se apertando serviam-nos de emblema. O nosso fito era reunir os fazendeiros em vasta associação, para cuidarem dos seus interesses, passando-se dos intermediários.

Não vingou a tentativa: pois, não lavrava crise intensa e, assim, os costumes estabelecidos permaneceram sem alteração sensível, a não ser que o golpe desfechado no trabalho escravo prosseguia seu curso de consequências daí resultantes, minando, lentamente, enorme série de interesses firmados naquela base, sem contudo despertar as atenções de quem de direito, na previdência de males que não deixariam de irromper, um dia, com mais intensidade.

A crise do café veio, finalmente, mostrar a realidade!...

Metemo-nos a estudar o problema, e entre os combatentes alistei-me, com alguns conhecimentos dessa lavoura e do comércio desse artigo, na praça do Rio de Janeiro. Patriotismo, capricho em acertar, estudo contínuo, foram os meus fracos cabedais.

Certo dia, casualmente, minha esposa, para quem havia trazido o primeiro volume da Lecture pour tous, ano de 1899, ao ouvir-me ler um artigo sobre a crise cafeeira, disse-me: 'o que te preocupa, as ideias que manifestas aqui estão neste volume: lê...'

Com efeito, foi uma revelação! Devorei aquelas páginas, contemplei os retratos dos beneméritos personagens franceses, impulsionadores de tão bela obra, ou-

tras gravuras, reproduzindo no gráfico, ao vivo, os efeitos benéficos da instituição 'Sindicatos Agrícolas', e eis como tornei-me soldado do 'grande exército da paz', título sugestivo do artigo publicado na Lecture pour tous.

Dirigi-me ao presidente do Sindicato Central dos Agricultores de França pedindo-lhe algumas informações acerca da instituição, ao que correspondeu gentilmente, convidando-me para alistar-me, lembro daquela poderosa e importantíssima associação. Cresceu de pronto o meu entusiasmo, sentindo quanto havia de grandioso nessa instituição essencialmente francesa, que mais uma vez refletia a generosidade daquele grande povo, desconhecendo fronteiras, na grande obra de solidariedade humana, praticada pelos seus rurais, estendendo cristãmente as mãos aos seus irmãos de classe sem distinção de nacionalidade, nem de crenças religiosas!

Fui dando ao Exmo. Sr. Visconde de Ouro Preto, teu estremado progenitor, conhecimento desses documentos etc., merecendo de S. Exa. aprovação e interesse, o que muito me animou, a ponto de, em certo momento, S. Exa. declarar que se prontificava a chefiar-nos. Quando, após alguns anos de propaganda era chegado o instante de encontrarmos na ação prática, da realização traduzida por fatos, das doutrinas por nós propagadas, acedeu S. Exa. ao nosso convite para presidente do Sindicato Central dos Agricultores do Brasil.

Que melhor e mais honrosa poderia ser a minha recompensa?!

Não sei como manifestá-la senão oferecendo-lhe, ou antes, dedicando-lhe este meu trabalho, ainda de propaganda, cuja tradução empreendi, devidamente autorizado pelo seu autor, o Sr. H. De Gailhard Bancel, deputado francês, a que testemunho os meus mais sinceros agradecimentos, e também dos agricultores brasileiros dos quais me faço intérprete, submetendo, finalmente, à tua apreciação e correção as linhas que seguem, e que peço a Deus, sejam lidas e aproveitadas pelos rurais brasileiros. Só assim eu poderia ter o meu nome ligado a um livro e, para mais não dou..."

Teu amigo e parente, gratíssimo.

João Baptista de Castro
Rio de Janeiro 31 de maio de 1904

Carta do Conde para o meu avô:

Prezado João,

Em nossas palestras de compadres, parentes, comprovincianos (quando nascemos, Minas Gerais não ascendera ainda à dignidade de Estado, era ainda simples província), em nossas palestras de amigos e adversários políticos (porque você, republicano histó-

rico, continua republicano, e eu me sinto cada vez mais convencido da superioridade monárquica), em nossas agradáveis palestras, mais de uma vez, você, galhofando, me tem observado:

– Não compreendo o seu livro Por que me ufano do meu país*. *Muitos motivos há para o brasileiro se entristecer. Poucos, nenhuns para se ufanar.*

Conheço os seus sentimentos, João. Se os não conhecesse, se os não apreciasse, não lhe quereria o grande bem que lhe quero e não viria dar público testemunho disso.

Sei que você é tão patriota quando me desvaneço de ser. Ama devotadamente, como eu amo, a nossa boa e formosa terra.

Não pouparia sacrifícios para torna-la gloriosa e feliz. O que o aflige, o que o desanima, o que o nobremente o enraivece, às vezes, é ver o Brasil tão abaixo do seu legítimo lugar: é contemplá-lo imensamente distanciado do seu verdadeiro papel: é verificar-lhe as fraquezas, nas necessidades, o atraso em meio a tamanhos elementos de prosperidade, riqueza, força.

Preocupações, em suma, de brasileiro inteligente e digno. Pois eu, meu amigo, compartindo essas preocu-

---

* Celso, Affonso. *Por que me ufano do meu país*. Rio de Janeiro, F. Briguiet & Cia., 12 ª edição, 1943, p. 6

pações, persisto em me ufanar do meu, do nosso país. A despeito de fundas decepções, não descreio do futuro. A razão da minha fé e da minha esperança é sempre a mesma: a Providência nãos nos cumularia de bens para nos desamparar: "se aquinhoou o Brasil de modo particularmente magnânimo, é porque lhe reserva alevantados destinos".

Persevero acreditando que o brasileiro não é tão mau como costumam descrever, ou como ele próprio, por lamentável irreflexão soe afirmar. Existem numerosos brasileiros desinteressados, trabalhadores, tenazes, animados de sãos propósitos, evangelizadores de altos princípios, desses que, por si sós, salvam o decoro público, constituem credora de acatamento qualquer nacionalidade. Meu caro João, a sua campanha em prol dos sindicatos agrícolas dá-lhe direito a ser posto no grêmio desses beneméritos. Largos anos faz que você trabalha com o denodo, a inquebrantabilidade, o indefeso ardor de genuíno paladino a favor da 'abandonada', da lavoura pátria. Bem hajas, cavalheiroso campeão da infeliz sem braços, como a Vênus de Milo e, além do [mais] sem braços, sem recursos, sem crédito, sem animação! (...)

Nos sindicatos agrícolas, enxergou você acertadamente a salvação da lavoura nacional. Para propagar essa ideia, atirou-se abnegadamente à luta. Formariam alentados volumes os escritos que naquele senti-

do tem prodigalizado. Não o esmorecem as dificuldades oriundas da indiferença, da ignorância, do carrancismo.

Também em França, informa um escritor, mui lentamente se desenvolveu entre as classes agrícolas o espírito de associação.

Enquanto os industriais de todo o gênero e os próprios operários condensavam os seus interesses formando sindicatos, os agricultores permaneciam isolados e, pois, impotentes. Mas a verdade sempre se impõe: realizou-se o progresso. Não se aponta hoje um só departamento francês que não apresente um ou dois sindicatos de cultivadores.

Têm por fim essas associações livres a compra em comum de materiais fertilizantes, arados, sementes, máquinas. Como resultado, conseguiram considerável baixa no preço dessas mercadorias e instrumentos aratórios, e suprimir os intermediários inúteis, os defraudadores da produção. Durante largo período, os lavradores contavam exclusivamente com o governo para lhes patrocinar os lucros e lhe remover os óbices; praticavam abusivamente a doutrina do Estado – Providência. Graças aos sindicatos, emergiram de tal letargia.

Derivaram daí fecundas consequências vantajosas. Tudo melhorou, às vacas magras sucederam vacas belas e gordas. Assistiu-se à verdadeira renascença agrícola.

Tendem os seus esforços, meu amigo, a que entre nós se opera igual fenômeno. Por que não? Você tem desbravado a máfia dos preconceitos, onde já se rasgou a cova e se deitou a semente, o nosso solo é fértil. Há de a semente germinar, crescer, frutificar.

Traduzindo, vulgarizando o Manual Prático dos Sindicatos Agrícolas, *fornece você preciosos elementos para a vitória. Diz muito bem o autor dessa excelente monografia: a agricultura é a maior força moral, material e social do país; a prosperidade da pátria está intimamente ligada à prosperidade da agricultura. É fazer obra patriótica, trabalhar para o reerguimento agrícola: e a melhor maneira de trabalhar nesse sentido consiste em agrupar, em associar os agricultores, em multiplicar os sindicatos.*

Em resumo, querido adversário político, sobram assuntos em que nos achamos de pleno acordo. Este é um deles, como o são, em geral, os que concernem à elevação da Pátria.

No grande exército da Paz, conquistou você galhardamente as estrelas de general. Estas mal traçadas linhas significam a desajeitada, mas cordial continência que a V.Exa. dirige um modesto soldado.

Affonso Celso

Vila Petiote, Petrópolis, 12 de julho de 1904.*

---

* Vila Petiote foi como o Conde Affonso Celso carinhosamente apelidou a mansão da família no Alto da Serra de Petrópolis.

"[...] Decorridos mais de oitenta anos* desses fatos históricos e comparando-se os termos do *Manual* traduzido por meu avô com o sindicalismo vigente no país – que seria mais o anarco-sindicalismo em alguns casos –, onde as greves vêm se sucedendo assustadoramente, constatamos, com tristeza, que a maioria dos nossos sindicatos vêm se tornando em mais um fator de desestabilização social do que de promoção humana, certamente por influência política da Internacional Socialista, da CUT, CONCLAT, PT, PC e PCdoB. E as cooperativas, lamentavelmente, muitas vezes deturpadas, relegadas a segundo plano, quando consideradas por meu avô, juntamente com os sindicatos

[...]um todo harmônico e eficaz, diferencial e integralmente capazes de acudir a todas as necessidades complexas dos agricultores universais, tanto no terreno econômico, como no moral e social. A solução encontrada reside unicamente no espírito de associação cooperativa e sindical, em todas as suas modalidades, entre os interessados de uma mesma profissão, visando fins comuns de progresso, bem-estar e civilização. Em

---

* Atualizando, hoje já se passaram 110 anos desde o inicio da luta do meu avô pelo sindicalismo e o cooperativismo.

qualquer ponto do planeta, qualquer que seja o grau de civilização de um povoado, estes princípios podem ser aplicados com mais ou menos acentuadas vantagens, sem restrições nem falhas, amoldando-se admiravelmente a todas as necessidades da produção, sua venda, distribuição, acondicionamento, transporte, armazenamento, propaganda, defesa, dilatação de consumo etc. Bem apropriada fora a denominação de 'Grande Exército da Paz' escolhida pelo autor do primeiro artigo que tivemos a honra de traduzir, estampado no Jornal do Commércio *de 1901, ao encetarmos a propaganda destas doutrinas no Brasil, que uma obra notável, mais tarde publicada, igualmente de origem francesa, fê-la transparecer na ação, intitulada* La Guerre Commerciale – Avant la bataille, *de M. Schwab, onde são encaradas, magistralmente, todas essas dependências de um aparelhamento completo de vida econômica de uma nação, habilitando-a para os combates que fazem ininterruptamente por via da concorrência na conquista dos mercados mundiais e defesa dos próprios ou dos já conquistados. Sem esses elementos, na vida moderna, os riscos que se corre são enormes, de funestíssimas consequências, encarando-se sobretudo a independência econômica, básica, sem a qual a outra, a política, nada significa, por um conjunto indispensável, harmônico, forte.*

"Por isso, neste momento perigoso em que vivemos de lutas de classes e aqui citamos novamente o pensamento do *Manual:*

[...] pode-se dizer sem exagero, os sindicatos constituem a muralha mais sólida a opor contra o Socialismo que ameaça tudo invadir e tudo destruir, e a sua ação no ponto de vista social pode ser das mais eficazes e das mais fecundas.

"[...] em que se delineia a pior 'crise' que seria a institucional, de funestíssimas consequências como previu o meu avô, gostaria de solicitar fosse aprovada moção a ser dirigida à Assembleia Constituinte do país, em nome da Associação das Mulheres de Negócios e Profissionais de São Paulo, da qual tenho a honra de ser associada, pedindo a reformulação urgente da legislação sindical, ou, melhor dizendo, o retorno à sua essência e eliminação de alguns parágrafos que a tornam verdadeira faca de dois gumes, bem como seja dada maior ênfase à fundação de cooperativas em todas as suas modalidades, principalmente agrícolas, em cada município, em cada estado, no âmbito federal, a fim de alicerçarmos nossa economia no maior investimento que seria a agricultura e tornarmo-nos então, verdadeiros soldados do 'grande exército da paz'.

> "Não nos esqueçamos de que: 'A agricultura é a maior força moral, material e social do país, a prosperidade da pátria está intimamente ligada à sua prosperidade'".

Na oportunidade em que proferi esse discurso, fui bastante aplaudida. Afinal, fazia homenagem a um homem que, independentemente de ser meu avô, foi alguém que sempre lutou pelo que acreditava e a sua fé maior era o poder e a força que o cooperativismo poderia trazer à agricultura brasileira. Padre Afonso Rodrigues* escreveu um trabalho sobre João Baptista e toda semana falava a respeito com seus alunos no Colégio São Luiz, inicialmente no Estado do Rio e posteriormente na Faculdade de Economia dessa instituição de ensino em São Paulo.

Na intenção de trazer à luz todo o trabalho que o meu avô fez em vida, aproveitei uma visita que Almir Pazzianotto Pinto, então Ministro do Trabalho nos fez na ADESG. Aqui a carta na íntegra, datada de 15 de setembro de 1986:

* http://rosariopermanente.leiame.net/mrp/pe-afonso.html, acesso em 16/abr/2015.

Senhor Ministro,

1. *Tenho a grata satisfação de ofertar a V.Exa. cópia xerox de documento histórico que constitui o exemplar anexo do* MANUAL PRÁTICO DOS SINDICATOS AGRÍCOLAS DA SOCIEDADE DOS AGRICULTORES DE FRANÇA, *traduzido por meu avô João Baptista de Castro – prefaciado por seu primo, o Conde de Affonso Celso – que, por sua visão e idealismo tornou-se, como dizia "soldado do grande Exército da Paz" e conseguiu junto ao presidente Rodrigues Alves, em 1903, a promulgação da Lei Federal, decreto 979, de 06.01.1903, também anexo, tendo sido, portanto, o introdutor do sindicalismo e o precursor do cooperativismo no Brasil.*
2. *Por esses motivos, trago às mãos de V. Exa. os estatutos do primeiro Sindicato à época fundado, sob o lema de "Unidos seremos fortes", o "Sindicato Central dos Agricultores do Brasil", bem como xerox de artigo publicado no* Diário Nacional *de 14.07.1928, contendo dados biográficos de meu ilustre avô, que realmente um grande brasileiro, republicano ferrenho, deu muito de si mesmo, de sua capacidade e tenacidade a este País, embora a sua luta e a sua obra tenham, lamentavelmente, caído no anonimato.*

3. *Tanto assim que em certo momento, em dedicatória à sua segunda esposa, ofertando-lhe o* Manual, *já na sexta edição, disse:*

"Ambos cooperamos para o bem comum e, oxalá, os nossos filhos venham a participar, um dia, dos benefícios que a nossa Pátria colherá na prática das instituições salvadoras que fazem a grandeza moral, material e social de outros povos mais civilizados, cuidadosos de sua agricultura..."

4. *Portanto, hoje, em momento em que jamais estivemos vivendo tão intensamente a nossa história e o sentimento da nacionalidade torna-se mais pujante, valho-me da maravilhosa oportunidade que é a visita de V.Exa. a esta casa, onde muito bem disse o Marechal Castello Branco: "aqui estuda-se o destino do Brasil", ainda mais considerando ser V.Exa. um digno adesguiano que muito nos honra como Ministro do Trabalho, nada mais justo que esta sua colega do XXV Ciclo por suas raízes venha apertar as mãos de V.Exa, pedindo a todos uma salva de palmas.*

Sinceramente,
Heloisa Negreiros de Castro.

Mas o tipo de sindicalismo que se pratica no Brasil acabou se transformando em algo muito diferente daquele pelo qual João Baptista de Castro tanto lutou. Completamente convencida das ideias que meu avô preconizava, quando o Lula foi preso por praticar uma espécie violenta de sindicalismo, seguindo meu espírito combativo e cidadão, anos depois, escrevi-lhe, em 29 de novembro de 1989, a seguinte carta:

> *Mais uma barbaridade do sr. Luiz Inácio Lula da Silva, quando ontem disse em seu primeiro programa do horário gratuito de segundo turno na Rádio e Televisão, que foram os "trabalhadores" os primeiros a se reunir em sindicatos neste país.*
>
> *Ele, que se julga um "catedrático" em matéria de sindicalismo, vai ficar certamente muito chocado quando souber – e posso provar o que digo – ter sido o meu avô paterno, João Baptista de Castro, brasileiro ilustre, de visão, republicano ferrenho, engenheiro industrial, formado pela Universidade de Gand (Bélgica), abastado agricultor e detentor de vasto* curriculum *a favor da causa pública, quem, em 1902, empolgado com o que lera em periódico francês sobre o sucesso que vinha alcançando o 'cooperativismo' sadio da época, traduziu para o vernáculo o* MANUAL PRÁTICO DOS SINDICATOS AGRÍCOLAS DE FRANÇA *– de autoria do deputado Henry de Gailhard Bancel – e, imbuído de todo o seu idealismo, conseguiu junto ao presidente Rodrigues Alves a promulgação da Lei Federal que tomou o número 979, de 6 de janeiro de 1903, e fundou, em seguida, o*

Sindicato Central dos Agricultores do Brasil sob o lema "Deus e Pátria, a União para a Vida".

Serviu de prólogo ao Manual *carta de seu primo, o Conde de Affonso Celso, que entusiasmado tornou-se também adepto do vasto sistema sindical cooperativista preconizado por meu avô como a única salvação para a nossa agricultura, desde o início do século emperrada por atravessadores, precários meios de transporte e deficiente escoamento da produção etc.*

Dos primeiros sindicalizados constam nomes de famílias tradicionais tais como o Visconde de Ouro Preto, por ele convidado para presidente e do próprio Conde de Affonso Celso, autor do célebre livro Por que me ufano de meu país *e outros mais, todos pertencentes às elites do País, homens de fibra e de estirpe que realmente fizeram alguma coisa por nosso Brasil e dotados de alto espírito de associação e mutualidade tornaram-se os pioneiros e autênticos "trabalhadores" da democracia no País.*

O senhor Lula deveria saber também que o sindicalismo conforme idealizado e aplicado inicialmente na França, Inglaterra, Países Nórdicos etc., não é o anarco-sindicalismo por ele tão apregoado e "explorado"...

Com a política transparente de candidato do porte de Fernando Collor de Mello, cujo avô Lindolfo Collor foi autor das leis Sociais Brasileiras por volta de 1930, certamente será ele muito mais indicado para redimir os sindicatos no Brasil que, como dizia o Manual:

[...] constituem, sem exagero, a muralha sólida a opor contra o socialismo que ameaça tudo invadir e tudo destruir e a sua ação do ponto de vista social pode ser das mais eficazes e das mais fecundas.

Deveria assim, o sr. Lula, recolher-se à sua insignificância.

Heloísa Negreiros de Castro.

O tempo passou, e em 2002, treze anos após eu ter assim me pronunciado sobre o nosso presidente eleito, fiz uma retratação pública dizendo que já não considerava Lula insignificante. Muito pelo contrário, passei a considerá-lo bem mais amadurecido e capaz de levar avante o seu intento de acabar com a fome no País, e rogava a Deus que o protegesse.

E em 7 de janeiro de 2012, enviei a seguinte carta a Ricardo Berzoini, presidente do PT:

Por oportuno, solicito de V. Sa. o obséquio de transmitir ao Presidente Luiz Inácio Lula da Silva a minha retratação referente à sua atuação em campanha à Presidência da República.

Cabe-me hoje asseverar que, de início, confesso que tinha medo de que iria 'virar a mesa', mas após seus dois mandatos, o considero até o momento, o mais importante e atuante presidente da

República desde o amadurecimento de nossa Democracia.

Com os melhores votos para o pronto restabelecimento de sua saúde.

Heloísa Negreiros de Castro.

Exerci meu dever cidadã de ser coerente com o que pensava em cada momento de minha vida, e por isso não me senti em nada constrangida em retratar-me. Somos uma nação pluralista, cheia de diferenças e o sindicalismo é uma ferramenta importantíssima para a democracia. No entanto, o sindicalismo praticado aqui é unilateral. Proliferam os sindicatos às centenas e todos, sem exceção, não querem abrir mão da cobrança da taxa anual, o que afasta os cidadãos interessados em se congregar. O trabalhador que queira ingressar num sindicato de acordo com o que ele pensa, não pode fazê-lo porque é forçado a se associar a um único, de acordo com a sua categoria, ficando sem a possibilidade de escolha. E pior, fica o trabalhador sem ter uma entidade que o represente de fato. Todas as questões trabalhistas são encaminhadas para o Fórum do Trabalho, quando tudo deveria ser resolvido pelos sindicatos. Afinal, é justamente para ter esse tipo de atendimento que os trabalhadores se associam, para não precisarem contratar advogado nos momentos de necessidade. Só que tudo que os sindicatos querem é a tal da contribuição e não abrem mão dela de maneira alguma. Ou seja, é um impasse que não se resolve.

Quando o meu avô faleceu, eu com 24 anos, senti muito, mas, por motivo de trabalho, não pude ir até Taubaté. Meu pai foi, representando todos os filhos nas cerimônias fúnebres. E entre tantos homens na família, entre filhos, netos e bisnetos, quis o destino me reservar a incumbência de trazer a público o trabalho maravilhoso de meu avô, missão que sinto que realizei ao escrever este livro.

Enfim, "*Tout lasse, tout passe, tout casse e tout se remplace*"*. Mas vivo, cada vez mais vivo, com Jesus Cristo em meu coração.

---

* Provérbio francês que em tradução livre significa "tudo passa, tudo acaba, tudo esquece e tudo se modifica".

Agradecimentos

Ao longo de meus 94 anos de vida, tenho a agradecer à senhora Angeles Marsan Esteve de Barcelona; a Dario Ferraz, com quem, desde muitos anos, acompanhada de seus pais, íamos a Aparecida do Norte para rezar; à tia Rosina, minha madrinha de Crisma; a Nininha Pimentel Duarte; a Nair Barroso Pimentel Duarte; a Pedro Faus, primeiro enlace de minha prima Eliane, com quem teve três lindos filhos de olhos azuis, atualmente casados e com filhos, sendo o primogênito Javier Faus o meu predileto, trabalhando com café; Pilar Sanchez Catalán Gimenez, Elza Queiroga e Malu Azevedo, ao casal Eliane Castro e Paulo Galla, que me incentivaram a escrever este livro; ao casal Hercília Sodré Santoro e Julio Santoro, (*in memoriam* Celia e Adelino Galla, Lídia e Terezinha Carrano , Dora Sintra e Plinio Cavalcante), além dos amigos e amigas que conquistei no convívio de fins de semana no Clube de Campo de São Paulo, como Martha e Filipe Allain; Nuccia e George Grass que me hospedaram durante quarenta dias em sua linda vivenda em Ovada, na bela Itália; a Nilza e Michael Wyller; o casal Lidia e Maurice Costin; o casal Meggy e Krinker; Romulo e Marita Soares; Helena Ometo e Irene Amato Vigorito que muito me ajudaram como candidata a deputada federal; a Malu Azevedo, além de todos os meus parceiros de *bridge* e minhas atuais cuidadoras: Terezinha de Freitas, fiel servidora de mais de quarenta anos, atual tesoureira e a quem considero como verdadeira filha; Elizangela Vilas-Boas e, por último, Keila Yane Gomes Ferreira, minha secretária e internauta, a quem tenho dado muito trabalho por causa de minha deficiência visual.

Esta obra foi composta pela Spress em Caslon Pro corpo 12/16pt
e impressa sobre papel Pólen Soft 80 gr/m² e Cartão Supremo 250 gr/m² nas capas
pela Geográfica para a Linotipo Digital Editora e Livraria Ltda.,
em agosto de 2015.